SAGE 質的研究キット
ウヴェ・フリック監修

③
質的研究のための エスノグラフィー と観察

マイケル・アングロシーノ
柴山真琴 [訳]

新曜社

DOING ETHNOGRAPHIC AND OBSERVATIONAL RESEARCH
Michael Angrosino
SAGE Qualitative Research Kit 3

Copyright © Michael Angrosino 2007. All rights reserved.
This translation is published under cooperation contract between SAGE and Shinyosha.

編者から
ウヴェ・フリック

- 「SAGE 質的研究キット」の紹介
- 質的研究とは何か
- 質的研究をどのように行うか
- 「SAGE 質的研究キット」が扱う範囲

「SAGE 質的研究キット」の紹介

　近年質的研究は、そのアプローチがさまざまな学問分野にわたってしだいに確立され、尊重されるようにもなってきたため、これまでにない成長と多様化の時期を謳歌している。そのためますます多くの学生、教師、実践家が、一般的にも個々の特定の目的のためにも、質的研究をどのように行ったらよいのかという問題と疑問に直面している。こうした問題に答えること、そしてハウツーのレベルでそうした実際的な問題に取り組むことが、「SAGE 質的研究キット」（以下「キット」）の主な目的である。

　この「キット」に収められた各巻は全体が合わさって、質的研究を実際に行う際に生じる中心的な諸問題に取り組んでいる。それぞれの巻は、社会的世界を質的な見地で研究するために用いられる主要な手法（たとえば、インタビューやフォーカスグループ）や資料（たとえば、ビジュアルデータやディスコース）に、焦点を当てている。さらに、「キット」の各巻は、多くの多様なタイプの読者のニーズを念頭に置いて書かれている。「キット」とこれに収められたそれぞれの巻は、以下のような広範なユーザーに役立つだろう。

- 質的な手法を使った研究を計画し実行する上で問題に直面している、社会科学、医学研究、マーケットリサーチ、評価研究、組織研究、ビジネス研究、経営研究、認知科学等の質的研究の**実践者**たち。
- こうした分野で質的手法を使用する**大学教員**。授業の基礎としてこのシリーズを用いることが期待される。
- 質的手法が、実際の適用（たとえば論文執筆のため）を含めて大学の学業訓練の（主要な）一部である、社会科学、看護、教育、心理学、その他の分野の**学部生**と**大学院生**。

「キット」に収められた各巻は、フィールドでの広範な経験をもつだけなく、その巻のテーマである手法の実践においても豊かな経験をもつすぐれた著者たちによって書かれている。全シリーズを最初から最後まで読むと、倫理や研究のデザイン、研究の質の査定といった、どのような種類の質的研究にとっても重要な諸問題に何度も出会うことだろう。しかし、そうした諸問題はそれぞれの巻において、著者の特定の方法論的視点と著者が述べるアプローチから取り組まれる。したがって読者はそれぞれの巻で、研究の質の問題へのさまざまなアプローチや、質的データの分析のしかたへのさまざまな示唆を見出すであろうが、それらが全体として合わさって、この分野の包括的な描写を得ることができるだろう。

質的研究とは何か

質的研究のさまざまなアプローチにも研究者の大多数にも共通に受け入れられている、質的研究の定義を見出すことはますます困難になっている。質的研究はもはや、たんに「量的研究ではない」研究ではなく、それ自身の一つのアイデンティティ（あるいは多数のアイデンティティ）を発展させている。

質的研究には多数のアプローチがあるとは言っても、質的研究に共通するいくつかの特徴を確認することができる。質的研究は「そこにある」世界（実験室のような特別に作られた研究状況ではなく）にアプローチし、「内側から」社会現象を理解し、記述し、時には説明することを意図する。しかしそのやり方は実にさまざまである。

- 個人や集団の経験を分析することによって。経験は生活史や日常的・専門的実践と関係づけられることもある。それらは、日常的な知識や説明や物語を分析することによって取り組まれるかもしれない。
- 進行中の相互作用とコミュニケーションを分析することによって。これは、相互作用とコミュニケーションの実際の観察と記録、およびそうした資料の分析に基づく。
- ドキュメント（テクスト、写真・映像、映画や音楽）を分析することによって、あるいはドキュメントに類した経験や相互作用が残した痕跡を分析することによって。

このようなアプローチに共通するのは、人びとは周りにある世界をどのように作り上げるのか、人びとは何をしているのか、人びとに何が起きているのかを、意味のある豊かな洞察を与える言葉でひも解こうと試みることである。相互作用とドキュメントは、協同して（あるいは衝突しながら）社会的プロセスと社会的人工物を構成する方法と見なされる。これらのアプローチはみな意味生成の方法であり、意味はさまざまな質的手法で再構成し分析することができ、そうした質的手法によって研究者は、社会的な（あるいは心理学的な）問題を記述し説明するしかたとしての（多少とも一般化可能な）モデル、類型、理論を発展させることができるのである。

質的研究をどのように行うか

質的研究にはさまざまな理論的・認識論的・方法論的アプローチがあること、そして研究される課題も非常に多岐にわたることを考慮するなら、質的研究を行う共通の方法を示すことはできるのだろうか。少なくとも、質的研究の行い方に共通する、いくつかの特徴を挙げることはできる。

- 質的研究者は、経験と相互作用とドキュメントに、その自然な文脈において、そしてそれらの個々の独自性に余地を与えるようなやり方で、接近することに関心がある。

- 質的研究は、最初から研究する事柄についての明確に定義された概念を用意し、検証仮説を公式化することを控える。むしろ、概念（あるいは、もし使うなら仮説）は、研究の過程で発展し、洗練されてゆく。
- 質的研究は、手法と理論は研究される事柄に適したものであるべきだ、という考えのもとで始められる。既存の手法が具体的な問題やフィールドに合わないなら、必要に応じて修正されるか、新しい手法やアプローチが開発される。
- 研究者は研究するフィールドの一員であり、研究者自身が、研究者というあり方でそこに臨むという点でも、フィールドでの経験とそこでの役割への反省を持ち込むという点でも、研究過程の重要な部分である。
- 質的研究は、研究課題の理解にあたって文脈と事例を重視する。多くの質的研究は一事例研究や一連の事例研究に基づいており、しばしば事例（その歴史と複雑さ）が、研究されている事柄を理解する重要な文脈となる。
- 質的研究の主要な部分は、フィールドノーツやトランスクリプトに始まり、記述と解釈、最終的には知見の発表、研究全体の公刊に至るまでの、テクストと執筆に基づいている。したがって、複雑な社会状況（あるいは写真・映像のような他の資料）をテクストに変換するという問題（一般には文字化と執筆の問題）が、質的研究の主要な関心事となる。
- 手法が研究されている事柄に適切であると考えられる場合でも、それが質的研究にとって、そして質的研究の特定のアプローチにとって適切かという視点から、質的研究の質を定義し査定する諸アプローチについて（さらに）考察されなければならない。

「SAGE 質的研究キット」が扱う範囲

- 『質的研究のデザイン』（フリック）は、何らかのかたちで質的研究を使う具体的な研究をどのように計画し、デザインするかという観点から書かれた質的研究の簡潔な入門書である。それは、研究過程でそうした諸問題をどう扱うか、どう解決するかに焦点を当てることで、「キット」の他の巻に対するおおよその枠組みを与えることを意図している。こ

の本では、質的研究の研究デザインを作るという問題に取り組み、研究プロジェクトを機能させる足がかりについて概略を述べ、質的研究における資源といった実際的な諸問題について述べるが、質的研究の質といったより方法論的な問題や倫理についても考察する。この枠組みは、「キット」の他の巻でより詳しく説明される。

- 質的研究におけるデータの収集と産出に、3冊が当てられる。第1巻で簡潔に概説した諸問題を取り上げ、それぞれの手法に対して、さらに詳しく、集中的にアプローチする。まず、『質的研究のための「インター・ビュー」』（スタイナー・クヴァール）は、特定の話題や生活史について人びとにインタビューすることのもつ、理論的、認識論的、倫理的、実践的な諸問題に取り組んでいる。『質的研究のためのエスノグラフィーと観察』（マイケル・アングロシーノ）は、質的データの収集と産出の第二の主要なアプローチに焦点を当てている。ここでも実践的な諸問題（サイトの選択、エスノグラフィーにおけるデータ収集の方法、データ分析における特殊な問題）が、より一般的な諸問題（倫理、表現、1つのアプローチとしてのエスノグラフィーの質と適切性）の文脈で考察される。『質的研究のためのフォーカスグループ』（ロザリン・バーバー）では、データ産出の第三のもっとも主要な質的手法が提示される。ここでも、フォーカスグループでサンプリングやデザインやデータ分析をどう行うかの問題と、データをどうやって生み出すかに焦点が強く当てられている。

- さらに3冊が、特定のタイプの質的研究の分析に当てられる。『質的研究におけるビジュアルデータの使用』（マーカス・バンクス）は、焦点を質的研究の第三のタイプに広げている（インタビューとフォーカスグループに由来する言語データと観察データに加えて）。一般に社会科学研究ではビジュアルデータの使用は主要なトレンドになっているだけでなく、データの使用と分析にあたって研究者を新たな実際的な問題に直面させ、新たな倫理的問題を生み出している。『質的研究におけるデータ分析』（グラハム・R・ギブズ）では、どのような種類の質的データの理解にも共通する、いくつかの実際的なアプローチと問題に取り組む。特にコード化、比較、コンピュータが支援する質的データ分析の使用

に、注意が払われている。ここでの焦点は、インタビューやフォーカスグループや個人史と同じく言語データにある。『会話分析・ディスコース分析・ドキュメント分析』(ティム・ラプリー)では、言語データから、ディスコースに関連する異なるタイプのデータへと焦点が拡張され、ドキュメントのような現存資料、日常会話の記録、ディスコースが残す痕跡の発見に焦点が当てられる。アーカイヴの生成、ビデオ資料の文字化、それにこのようなタイプのデータのディスコースの分析のしかたといった、実際的な問題が考察される。

- 『質的研究の「質」管理』(ウヴェ・フリック)は、質的研究の質の問題を取り上げる。この問題は、「キット」の他の巻でもそれぞれのテーマの文脈で簡潔に触れられているが、本書でより一般的なかたちで取り上げる。ここでは研究の質を、質的研究の現存の規準を使って見たり、あるいは規準を再定式化したり新しく定義するといった角度から検討する。この巻では、質的方法論における「質」と妥当性を定めるのは何であるべきかについての現在も進行している議論を検討し、質的研究における質を高め、管理するための多くの戦略を検討することになる。質的研究におけるトライアンギュレーション戦略と、質的研究の質を高めるという文脈での量的研究の使用に、特に関心が払われている。

本書の焦点、そしてそれが「キット」に果たす役割について概略を述べる前に、この「キット」が世に出る力添えをいただいた SAGE 社の方々に感謝を述べたい。いつのことだったか、このプロジェクトを私に勧めてくれたのはマイケル・カーマイケルであるが、いざ始めるに当たって彼の示唆は非常に役に立った。パトリック・ブリンドルはこのシリーズへの支援を引き継ぎ、継続してくれた。ヴァネッサ・ハーウッドとジェレミィ・トインビーは、われわれの草稿を本に仕上げてくれた。

本書について
ウヴェ・フリック

　エスノグラフィー*[訳注]と参与観察*は、近年の質的研究の発展においてばかりでなく、その歴史の中でも、主要な役割を果たしてきた。フィールドにおけるさまざまな関係、フィールドとそのメンバーに対して開かれていること、研究はどこに向けたものであるのかなどに関する知識の多くが、エスノグラフィーによる研究によって得られたものである。エスノグラフィーは参与観察の方法と密接に関係しており、かつてはそれを基本としていたし、最近では参与観察に代わるものになってきたとも言えるが、常に多様なデータ収集法を含んでいた。エスノグラフィーでは、しばしば観察、参与、フォーマル・インフォーマルなインタビュー、文書資料、その他出来事の痕跡の使用が組み合わされる。しかし、エスノグラフィーや参与観察を使えば、どのような問題にも接近できるというわけではない。サンプリングを考えてみても、観察に必要なフィールドや施設――より一般的には観察サイト――の選定に比べると、研究する人々を選ぶことにはそれほど重点が置かれていない。20世紀末にかけて、エスノグラフィーの研究方法をめぐる議論は、データ収集やフィールドでの役割を見つける問題から、フィールドについて書き、フィールドから報告するという問題へとますます比重が移っていった。エスノグラフィーのデータ分析では、人々の行動、相互作用、実践のパターンを見つけることに関心が向けられるようになった。

　本書では、このようなエスノグラフィーによる研究と観察研究の鍵となる事項について、掘り下げて解説されている。本シリーズの他の巻では、イン

［訳注］右上にアスタリスクが付されている語は、巻末の用語解説に含まれている。適宜参照していただきたい。

タビュー（Kvale, 2007）やフォーカスグループ（Barbour, 2007）のような言語データ、あるいは会話分析（Rapley, 2007）やイメージ分析（Banks, 2007）に焦点が当てられているが、本書ではフィールド研究の実際を取り上げる。同時に、エスノグラフィーのもっと一般的な文脈でこれらのデータ収集法（インタビューからビジュアルデータまで）を用いる方法についてのより詳細な分析が本書の補完となるだろう。データ分析（Gibbs, 2007）と質的研究における研究デザインと質（Flick, 2007a,b）についての巻には、本書で概説された内容がより詳しく説明されている。すなわち本書は、本シリーズの他の巻と一体となって、エスノグラフィーと観察をいつ使ったらよいのかを判断するのに役立ち、フィールドでのエスノグラフィーと観察の用い方やその方法論的・理論的基礎を提供しているのである。また、本書で説明のために繰り返し使用される研究例は、エスノグラフィーを1つの方法としてではなく研究方略として捉え、エスノグラフィーがどういう研究テーマやフィールドに適しているのかを理解するのに役立つものである。

はじめに

「エスノグラフィー」は、研究の方法と研究の産物という2つの意味を持っている（Agar, 1980）。

方法としてのエスノグラフィーは、コミュニティの有形のモノ、社会的関係、信念、価値観などに関する情報の収集を意味する。データ収集には多様な技法が用いられる。実際、可能な限り多様な観点からデータを集積するアプローチが望ましい。その事柄がよりよく裏付けられればそれだけ、それが実際にそうであると言える。

産物としてのエスノグラフィーは、エスノグラフィーの方法で収集した情報をコミュニティの文化*の包括的な記述へと統合した報告書である。報告書は伝統的にモノグラフのかたちをとってきたが、写真集、映画やビデオ、博物館での展示、ウェブサイト、さらには文学作品（小説・演劇・短編・詩）や芸術的なパフォーマンス（ダンス・詩歌）の形態もとり得る。

エスノグラフィーによる研究は、19世紀末から20世紀初頭にかけて、人類学者によって開始された。それ以来、社会学、社会心理学、コミュニケーション、教育、ビジネス、衛生などの多様な学問領域で、質的研究者の道具一式の一部となった。エスノグラフィーでは、対象とする人々についての詳細かつ包括的な記述を追い求めることから、エスノグラフィーは典型的に、研究対象とするコミュニティ（しばしば**フィールドサイト**と呼ばれる）に長期間滞在できる研究者によって採用されてきた。そのためエスノグラフィーは、フィールドワーク*とも呼ばれる。

エスノグラフィーを行うフィールドワーカーは、しばしば客観的なデータ収集と主観的な洞察とのバランスをとりながら、研究対象とする人々の日常生活に関わる**参与観察者**となる。確かにエスノグラフィーの方法は、フィールドに参与しないタイプの観察でも使うことができるが、本書では、フィールドに参与しながら観察する研究者（参与観察者）が行うフィールドワークを主に取り上げる。

すなわち本書では、

- 特に参与観察者としてのフィールド研究者に力点を置いて、エスノグラフィーに関する多様なデータ収集の技法を紹介する。さらに、
- サイトの選定から最終レポートの作成まで、エスノグラフィーのプロセスについて解説する。

また、本書には次のような特徴がある。

- エスノグラフィーに付随する倫理的諸問題に配慮する。フィールドワーカーは、コミュニティの活動に関わり合う参与者としての立場と、その活動を客観的に見る観察者としての立場との間のバランスを、常に意識していなければならない。また、エスノグラフィーは、各組織体の倫理委員会が定める臨床的・実験的研究者モデルに必ずしもぴったり合致するとは限らない。それゆえに、生活の場であるコミュニティで研究を行う際のインフォームド・コンセント*や秘密保持の問題に対処する方法について検討する。
- 21世紀のエスノグラフィーについて議論する。人々は、もはや小規模かつ自己完結的で特定の場所に限局されたコミュニティの中だけで、生活しているわけではない。コミュニケーションや輸送の技術の進歩によって、グローバルなネットワークの中に組み込まれている。それゆえに、伝統的なエスノグラフィーの方法をグローバルなサイバースペース[訳注1]時代の「バーチャル」コミュニティでの研究に適用する方法について検討する。
- 説明をわかりやすくするために、具体的なデータ例を用いる。読者にエスノグラフィーの方法を**説明する**ことと、教科書に書かれた理想的な指針を実際の研究の状況で具現化する方法を**示す**こととは別物である。そのため本書では、説明的記述のたびに、著者が身近なコミュニティで行った研究プロジェクトとそうではない伝統的なコミュニティで行った

［訳注1］　全世界のコンピューター・ネットワークのなす空間のこと。

研究プロジェクトを比較・対照しつつ、著者自身のフィールドワークで得た記述を手短に引用しながら解説する。

さらに学ぶために

以下の文献は、エスノグラフィーの古典的な教科書である。

Agar, M. (1980) *The Professional Stranger: An Informal Introduction to Ethnography*. San Diego: Academic Press.

＊訳者補遺

箕浦康子（編）(1999)『フィールドワークの技法と実際：マイクロ・エスノグラフィー入門』ミネルヴァ書房

中村雄二郎 (1992)『臨床の知とは何か』岩波新書

佐藤郁哉 (2006)『フィールドワーク：書を持って街へ出よう　増訂版』新曜社

目　次

編者から（ウヴェ・フリック）――――――――――――――――― i
　「SAGE 質的研究キット」の紹介　　　　　　　　　i
　質的研究とは何か　　　　　　　　　　　　　　　ii
　質的研究をどのように行うか　　　　　　　　　　iii
　「SAGE 質的研究キット」が扱う範囲　　　　　　iv

本書について（ウヴェ・フリック）――――――――――――――― vii

はじめに ――――――――――――――――――――――――――― ix

1 章　イントロダクション――エスノグラフィーと参与観察 ――― 1
　エスノグラフィーを用いた研究小史　　　　　　　1
　社会文化理論とエスノグラフィー　　　　　　　　3
　エスノグラフィー――基本原理　　　　　　　　 18
　定　義　　　　　　　　　　　　　　　　　　　18
　方法としてのエスノグラフィー　　　　　　　　19
　産物としてのエスノグラフィー　　　　　　　　20
　スタイルと文脈としての参与観察　　　　　　　21

2 章　エスノグラフィーの有効性――エスノグラフィーの方法によって、
　　　どのようなトピックを効果的かつ効率よく研究できるのか ――― 25
　エスノグラフィーの方法――その一般的有効性　　25
　エスノグラフィーによる研究の実例　　　　　　25
　エスノグラフィーの方法――研究上の特有の課題　27
　エスノグラフィーの方法――研究の場面　　　　33

3 章　フィールドサイトの選定 ――――――――――――――――― 37
　自己目録作りから始める　　　　　　　　　　　37
　フィールドサイトを選ぶ　　　　　　　　　　　39
　ラポール　　　　　　　　　　　　　　　　　　42

4章　フィールドでのデータ収集 ―― 47

「事実」と「現実」　48
メモ：応用的エスノグラフィーについて　49
3つの主要な技法の領域　50
観　察　50
インタビュー　56
文書研究　65

5章　観察について ―― 71

観察の定義　71
観察研究のタイプ　72
観察研究の課題　75
観察研究のプロセス　76
妥当性の問題　78
観察者のバイアス　81
公共の場所での観察　82
倫理と観察研究　83

6章　エスノグラフィー・データの分析 ―― 89

パターン　90
データ分析のプロセス　92
メモ：エスノグラフィー・データの分析における
　　　コンピューターの使用について　98

7章　エスノグラフィー・データの表現方略 ―― 103

伝統的な学術的形式でのエスノグラフィー・データの表現　104
文書形式でのエスノグラフィー・データの他の表現方法　105
文書を超えて　108

8章　倫理的配慮 ―― 111

研究に関係する倫理的配慮のレベル　111
制度的機構　113
研究倫理の個人的次元　116
結　論　118

9 章　21 世紀のエスノグラフィー ───────────── *121*
　　　　変化しつつある研究文脈──テクノロジー　　　121
　　　　変化しつつある研究文脈──グローバリゼーション　　　122
　　　　変化しつつある研究文脈──バーチャルな世界　　　124

訳者あとがき　129
用語解説　131
文　献　137
人名索引　143
事項索引　144

　　　　　　　　　　　　　　　　　　　　装幀＝新曜社デザイン室

1章　イントロダクション
── エスノグラフィーと参与観察

エスノグラフィーを用いた研究小史
社会文化理論とエスノグラフィー
エスノグラフィー ── 基本原理
定義
方法としてのエスノグラフィー
産物としてのエスノグラフィー
スタイルと文脈としての参与観察

この章の目標
- 鍵概念であるエスノグラフィーと参与観察の操作的定義を知る。
- 「エスノグラフィー」は、方法と産物という2つの意味を持つ用語であることをそれぞれの定義を比較・対照しながら理解する。
- 参与観察とは、エスノグラファーに採用されるスタイルであると同時に、多様なデータ収集の技法が用いられる文脈でもあることを理解する。

エスノグラフィーを用いた研究小史

　エスノグラフィーは、字義的には人々についての記述を意味する。エスノグラフィーでは、人々を個々人としてではなく、集合的な意味で扱うことを理解することが大切である。エスノグラフィーは、コミュニティとか社会と言われる組織化された持続的集団における人々を研究するための方法なのである。集団を特徴づける独特な生活のしかたが文化である。文化の研究には、集団の

人々に学習され共有された振る舞い方や慣習、信念を吟味することが含まれる。

　人間集団研究へのエスノグラフィーを用いたアプローチは、19世紀末から20世紀初頭にかけて、ただ安楽椅子に座ってあれこれ思索するそれまでの社会哲学者たちの研究のやり方は、現実を生きる人々の日常世界を理解するのに不適切であると確信した人類学者たちによって始められた。彼らは、フィールドの中に身を置いてこそ、生身の人間の経験のダイナミズムに出会うことができると結論づけたのである。英国（と大英帝国の他の地域、後にはコモンウェルスの国々、たとえば、オーストラリアやインドなど）の研究者は、エスノグラフィーを用いた研究の1つの形式を開発した。それは、当時まだ植民地支配下にあった地域でのフィールドワークを反映するもので、アフリカや太平洋諸島のようなところは、伝統的な様式が保持された社会だと考えられていた。もちろん今から見れば、植民地化によってそれらの社会の多くは劇的に変化したが、100年前は、そのような社会は外部からの影響をそれほど受けずにいたと見なすことが可能であった。それゆえ、英国人研究者は、社会の持続的な制度の研究に注目したのであるが、このアプローチは、後に社会人類学と呼ばれるようになった。英国学派で最も影響力のある社会人類学者は、ラドクリフ＝ブラウンとブロニスロー・マリノフスキーの2人である（McGee & Warms, 2003, 特にpp.153-215を参照）。

　これに対して、アメリカ合衆国の人類学者たちは、ネイティブ・アメリカンの伝統的な生活のしかたに研究関心を抱いていたが、それは完全に破壊されたとまでは言えないまでも、既に劇的に変化していた。アメリカの研究者たちは、原住民が土着の条件を表現している社会制度の文脈の中で生きているとは期待できなかった。もしそうした社会制度の中に文化を見つけることができないのであれば、残存者の歴史の記憶を通して文化を再構築しなければならない。こうしてアメリカの人類学は、文化人類学と称されるようになった。最も影響力があったアメリカの文化人類学者は、フランツ・ボアズである。彼は、アルフレッド・クローバー、ルース・ベネディクト、マーガレット・ミード、ロバート・ローウィに代表されるアメリカの人類学者の全世代を育てた（McGee & Warms, 2003, 特にpp.128-152を参照）。

　マリノフスキーとボアズは、いずれもフィールドに基礎を置く研究の強力な唱道者であると同時に、参与観察として知られるようになったやり方——研究

者自身が研究対象とするコミュニティの中に身を置いて研究する方法——を提案した。第一次世界大戦期の複雑化しつつあった国際情勢の波に巻き込まれて、トロブリアンド諸島（西太平洋）でフィールド研究をしていたマリノフスキーは、4年間もフィールドサイトに留め置かれた。こうした予期せぬ事態が何回も起こることはほとんどありえないが、マリノフスキーによるトロブリアンド諸島のエスノグラフィーは、研究対象とする社会に研究者が長期間入り込んで達成した第一級の範例と見なされている。

> フィールドに基礎を置く研究の開拓者たちは、自分たちは自然科学の方法と一致した方法に忠実に従っていると考えていた。しかし、彼らが分析しようとしているまさにそのコミュニティで生活したという事実は、分析に主観の水準を持ち込むこととなった。主観は、通常理解される自然科学の方法とは相容れないものである。

1920年代初頭、シカゴ大学の社会学者たちが、人類学者のエスノグラフィーによるフィールド研究法をアメリカの現代社会の社会集団研究に適用した（Bogdan & Biklen, 2003）。この「シカゴ学派」の影響は、やがて教育、ビジネス、公衆衛生、看護、マスコミュニケーションなどの分野にも影響を与えた。

社会文化理論とエスノグラフィー

エスノグラフィーの方法がさまざまな学問分野で広く採用されるに伴い、次に挙げるような広範な理論的志向と関連するようになった。

- 構造‐機能主義
- 象徴的相互作用論
- フェミニズム
- マルクス主義
- エスノメソドロジー
- 批判理論
- カルチュラル・スタディーズ

・ポストモダニズム

構造-機能主義

構造-機能主義*は、20世紀のかなり長い期間にわたって、英国人類学で主要な地位を占めた学派で、英国でもアメリカでも、哲学的・方法論的に社会学と深い関わりを持ってきた。構造-機能主義は、以下のような基本概念によって特徴づけられる。

- **有機体アナロジー**。身体器官のシステムと同様に、社会を構造と機能を持つ生物体として見なす。個々の社会制度は、身体の各器官と同じく、全体の社会／有機体が生存するために特定の役割を果たすが、どの社会制度も他のすべての制度との適切な連関なしには最適に働くことはできないと考える。
- **自然科学志向**。社会を経験的に研究できると想定し、社会の基底にあるパターンや全体秩序を見出すことによって、よりよく理解できると考える。
- **概念的に狭いフィールド**。構造-機能主義では、社会やその下位システム（たとえば家族・経済・政治体制・信念など）に焦点を当てることが好まれる。芸術、言語、人格発達、テクノロジー、自然環境にはほとんど関心が向けられない。
- **普遍性**の感覚。すべての社会制度やその機能が、あらゆる社会の同等の構造の中に見出されると仮定する。
- **親族関係研究**の暗黙の優越。家族の絆が社会の結束を保持する「接着剤」として想定される。すなわち近代社会では、他の制度が伝統的な家族と同等の役割を担うが、常に家族のモデルに基づいていると見なされる。
- **平衡**志向。社会は調和と内的一貫性によって特徴づけられると想定する。すなわち混乱や異常は、最終的には社会それ自身の内部にあるメカニズムによって修正されると考える。この仮定は、社会を全体のバランスがとれた**静的な**ものと見なし、社会生活に変化をもたらす歴史的要因を検討しようとしない傾向をもたらす。

方法に関して言えば、構造‐機能主義では、参与観察を基本とするフィールドワーク（理想的には長期にわたる関与）が強く推奨される。それは、ある社会の基底に横たわる秩序の解明は、辛抱強く人々の生活に入り込むことによってのみ可能になると考えられているからである。構造‐機能主義の伝統において、エスノグラフィーを用いたフィールドワークで特に強調されてきたのは、行動のルール（規範）と行動それ自体との関連であって、人々が「〜すべき」と語ることと実際にやっていることとの乖離はあまり重視されない。こうした仮定は、小規模で比較的同質なコミュニティでうまく通用することから、構造‐機能主義者は、隔絶された伝統的な社会もしくは近代的な都市でも境界が明確な地域社会でフィールドワークをする傾向がある。

　構造‐機能主義者は、あたかも純粋に経験的な課題であるかのようにエスノグラフィーに向き合う。人々の信念や行動は、現実の**社会的事実**として見なされ、研究者の解釈が極力排除された、客観的に収集された「データ」であると考える。彼らも（サーベイ等によって収集される量的データの対極にある）質的データを好んで扱うが、彼らのデータ収集は、社会生活の秩序という観点に奉仕するものである。事実を解釈より優先し、日常生活のすべての出来事は整合的なシステムの一機能であるとして、エスノグラフィーの自然科学的な性質を主張する。

　親族関係を社会構造の鍵と見なすがゆえに、構造‐機能主義者は、社会のあらゆる側面を再構築し解明する手段として、家系図を使うことを特に好む。また、彼らは、研究者が聞き取り調査項目に沿って口頭で質問し答えを書き込む**インタビュー・スケジュール**の方法を使う傾向があるが、この方法は、調査対象者自身が配布された用紙に答えを書いていく質問紙法とは異なるアプローチである。理想的には、すべてのインタビューは、現地語でなされることが望ましいが、時にはプロの通訳を雇って対応することになる。

　この伝統におけるエスノグラフィーは、研究者と「対象者（subjects）」との個人的な関係にかなりの部分を依存することになる。集めたデータは客観的な現実と見なされるが、データを収集した状況は容易に再現されるものではない。それゆえに、構造‐機能主義の伝統を引き継ぐ研究では、「**信頼性***（reliability）」（科学的研究の基準の1つで、実験の反復可能性が強調される）よりも**妥当性***（validity）が重視される。

この伝統におけるエスノグラフィーでは、複数の社会に長期間にわたって入り込むことが求められる。こうした研究を行う上では、さまざまな制約が生じることから、通常は本当の意味での交差文化（cross-cultural）研究を遂行できるわけではない。交差文化の全体像は、個別研究が蓄積されることで徐々に出来上がってくるかもしれないが、特徴を異にする幾つかの場所で同時に研究を行う標準化された研究デザインが用いられることはそれほど多くない。おそらくこうした傾向の意図せざる結果の1つとして、各社会で見出された独自性が過度に強調されることがある。

　構造-機能主義者のエスノグラフィーは、科学的探究における**演繹的**な課題よりも**帰納的***なそれに役立つ。すなわち研究者は、検証すべき理論やモデル、仮説から始めるのではなく、研究関心を持つ特定の部族や村、コミュニティ、地域から着手する。こうしたやり方は、フィールドワークで集めたデータからテーマやパターンを浮かび上がらせるのに適していると考えられている（機能主義の歴史、哲学、方法に関する包括的な議論については、Turner, 1978, pp.19-120 を参照）。

象徴的相互作用論

　象徴的相互作用論*は、社会学や社会心理学で広く普及しており、人類学でもある程度この立場が支持されている。人間行動を「形作る」文化の役割を過度に強調する社会科学者とは違って、相互作用論者は、人々を能動的なエージェントと見なす。人々を外力に対して受身的に行為する、大きな組織の中の交替可能な部分とは見なさない。社会は、構造-機能主義者が考えたような連結され合った制度のセットではなく、個々人の相互作用によって常に変化する万華鏡なのである。この相互作用の性質は変化するため、社会もまた常に変化する。それゆえに相互作用論は、人々の社会生活に対する静的なアプローチではなく、動的なアプローチと言える。

　相互作用論には幾つかの立場があるが（依拠する文献により4とも、7、8ともされる）、次のような基本的前提が共有されている。

- 人々は、学習された意味の世界に住んでいる。それらは**象徴**（シンボル）としてコード化され、参加する社会集団での相互作用を通して共有され

る。
- 象徴は、人々がその活動を遂行するよう動機づける。
- 人間の心は、個人が従事する相互作用の内容や量に呼応して成長し変化する。
- **自己**（self）は、社会的構築物にほかならず、他者との相互作用のプロセスによってのみ発達する。

相互作用論の伝統におけるエスノグラフィーを用いたフィールドワークは、社会的行為者が自らの行為に付与する意味を解明することに向けて行われる。構造‐機能主義者は、客観的な事実の集合としての行動に重きを置いたが、相互作用論者は、人々が自らの営みをいかに理解しているかという、もっと主観的な描写を重視する。相互作用論者の中には、このプロセスを「共感的内省（sympathetic introspection）」と呼ぶ者もいれば、偉大なドイツ人社会学者マックス・ウェーバーに敬意を表して、ドイツ語の **verstehen**（理解する）を使う者もいる（ウェーバーは近代社会科学の言説にこの概念を導入した）。いずれにしても、研究者は研究対象者の世界に入り込まざるを得ないということである。研究者は人々の活動の中立的な観察者ではありえず、彼らの主観的な観察者とならざるを得ない。相互作用論者のエスノグラフィーの鍵は、人々の思考や行動に意味を付与する象徴体系を解明することである。

最も影響力のある相互作用論者を一人挙げれば、相互作用研究に**ドラマトゥルギー**[訳注2]と呼ぶ方法を創出した社会学者アーヴィング・ゴフマンである。彼は人々が行為し他者との関係を形成するプロセスに関心を持っていたが、このプロセスこそが人々が自らの生活を意味づけることを助けると考えていたからである。彼は、研究の中で、人々がいかに「自己呈示」を構築し、それを他者の前でどう演じるかを記述した。ゴフマンは、そうした行為の背後に意図があること、重要な他者の視点から見て最も効果的な印象を与えるように（「役者」ならよく知っているように）意識して行っていると指摘した。人々は単に「役

［訳注2］　dramaturgy. 元々は「劇作術」「脚本書法」などの意味であったものが、ゴフマンが『日常生活における自己呈示』（邦訳『行為と演技』）で主要な用語として使用したことで、特別な意味を持つようになった（土屋恵一郎, 1994,「ドラマトゥルギー」, 見田宗介他（編）,『［縮刷版］社会学事典』弘文堂, pp.662-663.）

割の作り手」であるだけでなく、能動的な「役割の演じ手」なのである。

　相互作用の性質への関心から、象徴的相互作用論者は、エスノグラフィーによるフィールドワークそれ自体が典型となる相互作用に多大な関心を向けた。ある意味では、彼らは、エスノグラフィーを実践するプロセスについてのエスノグラフィーをするようになったのである。このトピックに関する膨大な文献を手短に要約すれば、エスノグラファーの相互作用的な役割は、1つの連続体上の次の4点に分類される。(a) 完全な参与者（研究者はコミュニティに完全に入り込むが、自身の研究課題は公表しない）、(b) 観察者としての参与者（研究者はコミュニティに入り込むが、研究をしていることが知られており、研究の許可を得ている）、(c) 参与者としての観察者（研究者はコミュニティから何らかの距離を置き、インタビューしたり行事に参加したりするなど特定の場合にのみフィールドの人々と相互作用する）、(d) 完全な観察者（研究者はコミュニティの人々と交わらず自身の存在も知らせずに、外部からコミュニティについての客観的なデータを集める）。状況に応じてどの立場も有益なものとなり得るが、象徴的相互作用論では、連続体の「参与」方向の側が最も有効であると思われる。(相互作用論的アプローチの理論と方法に関するより包括的なレビューについては、Herman & Reynolds, 1994 を参照。また、本項で言及した研究者役割に関する古典的な解説としては、Gold, 1958 を参照。)

　フェミニズム
　フェミニズム*は、近年、社会科学のあらゆる分野で重要になってきたアプローチである（ヒューマニティも同様）。女性の権利運動という社会政治的な動きと結びついてはいるが、学問としてのフェミニズムは女性研究者だけの関心事ではなく、人間の社会的境遇に関する研究の一般的なアプローチとなっている。フェミニズムを特徴づける基本的な原理は、現代の社会科学の文脈では次のように整理される。

- すべての社会的関係にはジェンダーが反映されていると仮定する。すなわちジェンダーに関する意識は、個人の社会的地位を決定する基本的な要因の1つである。
- 養育やケア、競争よりも共同への選好などの基本的な質によって特徴づ

けられる女性の「本質」がある（フェミニストの中で必ずしも共有されている見解ではないことを指摘しておかなければならない）。この本質は、文化が違えば表出のされ方も異なるが、どの社会にも何らかのかたちで認められるものである。この指摘が広く受け入れられていないのは、次のような対抗する見解があることによる。

- 一方ないしは他方のジェンダーに典型的と見なされる行動は、生まれつきのものではなく、社会的な学習の結果である。これは、そのような行動が人々の行為や思考に与える重要性や影響を弱めるものではなく、探究を生物学的な視座から社会文化的な視座へと転換させるものである。ジェンダーが「本質的」なものか社会文化的学習によるものかにかかわらず、**性による不均衡が広く存在すると考えられている**。
- 男性と女性が対等なパートナーと見なされる数少ない社会でも、生まれつきの生物的な違いや**社会化**（どう振る舞えば適切なのかについての社会の教えを学ぶ方法）のプロセスが異なることで、男女に違いが生じると認識されている。

　フェミニスト・アプローチは、エスノグラフィーを行う上での明確な示唆を含んでいる。1つには、フェミニストは、研究者と「対象者」という伝統的な分け方を拒否する傾向がある。こうした区別は、科学の伝統的なカテゴリーを反映したもので、どのように言われてきたにせよ、長い間、抑圧の道具として使われてきた。検証、操作的定義、尺度、規則を強調する伝統的な科学的研究は、多くの場合、女性が含まれない、権力を持つ者たちの利益に奉仕してきたとする。研究対象から距離を置いた研究計画の全体を管理する立場にある研究者は、まさに権力者であり、その権力は、研究を実施する際に、客観性の規範や中立性を行使することによって高まる。フェミニストは、研究しているコミュニティともっと同一視することによって、研究者 - 対象者関係を脱中心化しようとする。フェミニストは、積極的かつ明示的に女性の利益を促進しようとするがゆえに、科学の理想である価値中立性を拒否する。

　同様に、（とりわけ）構造 - 機能主義者が好む社会的均衡の整合的モデルは、社会生活を時に無秩序で不完全でバラバラなものと見なす立場からは退けられる。この目的のために、フェミニズム研究者は、女性の内的世界をより

よく解明し、さらには抑圧を明確に言語化する（そして克服する）ために、共感・主観・対話を可能にする方法としてのエスノグラフィーを目指す。伝統的な「インタビュー」（研究者が権力者であることが含意されている）も、より対等な対話が望ましいとする立場からは拒否される。この点で、研究者がほとんど誘導せずに、個人が自らのストーリーを自身のやり方と言葉で語る**ライフヒストリー***がしばしば採用される。ライフヒストリーに基礎を置くエスノグラフィーは、歴史的に社会（とその分析）の周辺に追いやられてきた人々に「声を与える」方法の１つと見なされる。これは個人の全体性を保持する方法でもあり、個人を分析単位に分断しがちなインタビュー技法の対極にあるものである。（出現しつつあるフェミニストの視点に関するより深い識見については、Morgen, 1989 を参照。）

マルクス主義

マルクス主義*は、歴史学・経済学・政治学に広範な影響を与えたが、人間の社会行動を扱う学問分野（人類学・社会学・社会心理学）への影響は多少とも間接的であった。哲学的な意味でのマルクス主義を代表する社会科学者はほとんど見当たらず、（特にソビエト連邦の崩壊後は）マルクス主義を社会変革のための有効なアジェンダとして支持する者はかなり少なくなった。それにもかかわらず、マルクス主義の幾つかの重要な要素は、社会と文化に関わる現在の言説に色濃く残っている。

マルクス主義由来の最も主要な概念は、おそらく**葛藤**であろう。葛藤理論の論者は、社会は利益集団によって定義され、その集団は経済的・政治的・社会的な基本資源をめぐって互いに競争的な関係にあると想定する。社会は核となる価値体系によって支配されており、変異としての葛藤は、最終的には克服されて社会は均衡を再構築すると捉える機能主義者とは違って、葛藤理論の論者たちは、葛藤を人間の相互作用に固有のもので、まさに社会変化をもたらすものであると見なす。マルクスやその信奉者にとって、集団間の葛藤は、**社会階級**という制度に埋め込まれている。階級は、社会内での労働の基本的分割によって生じ、ヒエラルヒー構造の中の地位によって規定される対人ネットワークを表している。マルクス主義の伝統では、社会変化は**弁証法的**なプロセスによって生起する。すなわち競争的関係にある社会階級間あるいは階級内の矛盾

は、利益の葛藤を通して解決されるのである。フェミニズムと同様に、マルクス主義（もしくは、広義の葛藤理論）は不均衡や抑圧の問題に焦点を当てるが、マルクス主義者は葛藤の基礎として、ジェンダーのような社会文化的なカテゴリーよりも、階級といった社会経済的なカテゴリーの方を好んで使う。

今日、マルクス主義の研究者は、特に**植民地主義**の問題やその政治‐経済的な制度が、「中心」国家（世界の商品やサービスの生産と分配に対する覇権主義的な支配を維持する国家。それゆえに政治や軍事のほぼ独占的な権力を有する）と「周辺」国家（主に原料を生産し永久的に支配下に置かれている国家）の関係をいかに歪めたかに関心を持っている。この不均衡は、制度としての植民地主義が公的な意味では既に消滅してもなお続いている。「世界システム論」は、この覇権主義と依存の問題に取り組む学問体系である。

政治経済学を学ぶ現代の学生は、特に**物象的関係**[訳注3]と呼ばれるものに関心を抱いている。物象的関係は、生産の一連のプロセスにおける集団と自然との相互作用、階級を分化させる生産関係における集団間の相互作用、生産と社会的関係の双方の形成に強制力を行使する「中心」と相互作用する集団に関する研究を必然的に伴う。こうした観点により、自己充足的な社会・コミュニティ・地域等から、ローカル集団がいかにして人・モノ（goods）・サービス・力の地域的かつ国際的な流れの一部になるのかについての考察へと視点が移ることになる。1つのローカルな場所で起きていることを理解するためには、社会・コミュニティ・文化を互いの社会や文化が影響を与え合う大規模な政治的・経済的な領域の文脈の中に置かねばならない。ここで強調されているのは、本質的に特殊性よりも**通文化性**（trans-cultural）である。

こうした前提の下では、多少とも主観的・個別的なエスノグラフィーのスタ

[訳注3] material relations. 客観的に評量し得る規準に方向づけられて成立した社会的関係のこと。（中野敏男 (1994)「人格的／物象的」見田宗介ほか（編）［縮刷版］『社会学事典』弘文堂, p.481.）マルクスは、人間の労働が労働時間という抽象的な物差しで測られ、人間の労働と生産物のほとんどが商品化され、他者との関係が貨幣というモノで媒介される近代資本制の登場により、個人と個人の関係が、〈親密で具体的な関係（＝人格的依存関係）〉から〈モノとモノの関係（＝物象的依存関係）〉に置き換えられたと考察している。（伊藤公雄 (2010)「唯物史観：マルクス」日本社会学会社会学事典刊行委員会（編）『社会学事典』丸善, pp.14-15）。

イルは、葛藤理論やネオマルクス主義の政治経済学研究には必ずしも最適ではない。もちろん伝統的なエスノグラフィーの方法も、これまでもそうであったように、ローカルコミュニティの研究において用いられるであろうことは指摘しておく必要がある。伝統的なエスノグラフィーとの大きな違いは、葛藤理論やネオマルクス主義の系譜にある研究では、コミュニティの自律性や独自性を描くためではなく、グローバルなシステムを形成する他のコミュニティとの関係を描くためにエスノグラフィーを用いる点にある。さらにネオマルクス主義のエスノグラファーは、表面上は平等でヒエラルヒーがなく均衡状態に見えるような社会においても、階級構造や葛藤や内部矛盾の証拠を探そうとする傾向がある。(ネオマルクス主義の原理と伝統的文化研究がこうした理論的目的に奉仕するものへといかにして変容し得るかについての概観として、Wolf, 1982 を参照。)

エスノメソドロジー

人間行動を研究するエスノメソドロジー*は、とりわけ社会学で影響力を持ってきた。エスノメソドロジストの狙いは、集団の現実に対する理解がいかに構築され、維持され、変化するかを説明することにあった。エスノメソドロジーは、次の2つの主要な前提に基づいている。

- 人間の関わり合いは**相互反映的**である。すなわち人々は現実に対する共通理解を維持するようなやり方で、手がかり(言葉・ジェスチャー・身体言語・時空間の使用)を解釈する。共通理解と相容れないと思われる証拠は、拒否されるか、何らかのしかたで優勢なシステムに合うよう合理化される。
- 情報は**文脈依存的**である。すなわち情報は特定の文脈の中で意味を持つ。特定の状況で進行中の物事を理解するためには、相互作用している人々の経歴、明言された目的、過去の相互作用を知ることが重要となる。

エスノメソドロジー研究では、相互作用する人々が共通の現実を共有しているという感覚を持つことを可能にするテクニックを用いることによって、社会的秩序が維持されると仮定する。さらに、実際にそうした現実の内容は、相互

作用の維持のためのテクニックが人々に受容されているという事実ほどには重視されない。重要なテクニック——エスノメソドロジストが社会的場面を研究する際に探求するもの——とは、次のようなものである。

- 「規範的形式」の探求。相互作用の相手が進行中の事柄について同意しないであろうと感じた場合には、互いがその文脈の中で「規範」とされているものに立ち戻る合図をジェスチャーで伝える。
- 「視点の相互性」への信頼。人々は「違う場所の出身者」であることを暗黙のうちに了解していても、自分の経験は他者と交換可能であるという（事実として受容された）信念を持ってやりとりしている。
- 「エトセトラの原則」の使用。どのような相互作用でも言語化されない多くのことが残される。そのために相互作用の当事者は、他者の言動を理解するために必要な情報を埋めたり待ったりするが、明瞭化のために明示的に質問して会話を中断することはしないと暗黙に合意している。

　これらのテクニックは、通常はたいていそれほど意識せずに用いられ、社会のメンバーに当然視されている。研究者の仕事は、こうした隠された意味を解明することにある。人々が意識化していない行為について、本人に説明を求めても要領を得ないために、エスノメソドロジストは、インタビューよりも観察を好む。実際、エスノメソドロジストは、観察方法を会話分析のような最小の「微視的な交換」にまで洗練させた。エスノメソドロジストの中には、言語はそもそも社会秩序を維持するコミュニケーションの装置であるがゆえに、言語がそうした秩序の基本であると主張する者もいる。

　エスノメソドロジストは、最も容易に観察でき、最も「リアル」であると見なされることを把握するために、エスノグラフィーの方法を用いる。多くの場合、このリアルさは、相互作用している人々が、自分のいる状況こそその社会的場面において秩序ある適切なものだと互いに説得し合う試みによって、与えられるものにほかならない。何人かの解説者が指摘しているように、「本当にリアルなもの」とは、人々が秩序の感覚を構築し、維持し、時には微修正するために使う方法なのである。人々が言ったり行ったりしている内容は、これがリアルだと相互に確信するために使うテクニックに比べればリアルではない。

ここから言えることは、エスノグラフィーは、「文化」や「社会」のような、経験を超越する大きなシステムを研究するためには使われないということである。そのような抽象的な概念が人々の行動を真に指令することは、ありえないからである。どちらかと言えばエスノグラフィーは、人々にとってのリアリティとは、首尾一貫した「規範」という意味での「社会」や「文化」が人々の相互作用を導いていることだと人々がいかにして互いに確信するのか、それを解明するために計画される。社会を成立させる「秩序感覚（sense of order）」が前もってあるわけではなく、むしろ自分と相手の両方が属している1つのリアルな社会的世界があると相互に説得する方法を創出し使用する個人の能力によっている——しかも人々は積極的・継続的にそうする——のであり、これこそが最も重要な関心事なのである。

したがって、エスノメソドロジストにとって、エスノグラフィーは「『文化』とは何か」「『社会』とは何か」という疑問に答えることではない。「人々はどのようにして『文化』や『社会』が重要な問題であると確信するようになるのか」という疑問に答えることなのである（エスノメソドロジーの位置づけに関する概説については、Mehan & Wood, 1975 を参照）。

批判理論

批判理論*には、現代社会・文化に関する研究への多様なアプローチが含まれる。名称が意味するように、共通するテーマは、社会の主要な制度に関する前提に挑戦する社会科学を用いることである。フェミニズムとマルクス主義は確かにこの挑戦に加わっており、それぞれ独自の歴史と研究の蓄積を持ってはいるが、「批判理論」の中に含めることができるだろう。しかしながら本項では、公共政策に影響を与えたり社会変化を求める政治的運動に積極的に参加したりするために、エスノグラフィーの方法を採用する研究者、時には研究者の中立性という伝統的な考えを越えて支援的な役割を果たす研究者に焦点を当てる。

批判的エスノグラファーの主要な哲学的立場は、「多元的認識論（multiple standpoint epistemologies）」であって、何が文化を構成するかについて、唯一の客観的かつ普遍的な定義があるとする伝統的な前提に対して明確に挑戦する。たとえば構造-機能主義者が特定のコミュニティを記述する際に、自分の記述

はきちんと訓練された研究者であれば誰もが成し得るもので、当該コミュニティの人々のこれが物事の有り様だという一般的な合意を表していると考える。しかしながら、多元的認識論では、コミュニティ内には別の意見も必ずあると考えるだけでなく、異なる背景を持った別のエスノグラファーが研究をすれば、観察した事柄に対して別の姿を描き出すという前提に立つ。マルクス理論におけるように、意見を異にする人々が互いに明らかな葛藤関係にあるわけではないかもしれないが、間違いなく文化的・社会的な同質性を生み出すことはない。批判理論家にとっては、社会のどの部分がいかなるエスノグラファーによって研究されているのかを知ることが重要となる。より一般的な視点から書かれたと主張する描写には、本質的に疑いの眼差しを向ける。

それゆえに批判理論家は、**対話的・弁証法的・協働的**なエスノグラフィーのスタイルを好ましいと考える。対話的エスノグラフィーとは、インタビューアーと「対象者」という伝統的な力関係に依拠しないエスノグラフィーを言う。むしろ研究者は、コミュニティの人々と公平な条件下で、ギブアンドテイクの会話を行う。「弁証法的」視点とは、真実は外から課せられた偽りの同質化によってではなく、多様な意見、価値、信念、行動の合流するところから立ち現れるという考えを指す。さらにコミュニティの人々は、決して「対象者」ではない。研究における積極的な協働者なのである。実際にあるタイプの批判的研究（特に**参加型アクションリサーチ**として知られる研究）では、コミュニティの人々を研究の設計と実行における積極的なパートナーとして巻き込むことに全力を傾ける。理想的には、研究者の中心的な仕事は、コミュニティの人々が自ら研究できるように研究のテクニックを訓練することである。こうした傾向は、研究スタイルを意図的に対峙的なものにする。すなわち研究の進め方と研究から見出された成果の双方において、それ以前のやり方に対して明確な挑戦を突きつけるのである（人類学と関連領域における批判的アプローチの推奨文献については、Marcus, 1999 を参照）。

カルチュラル・スタディーズ

近年、もう1つの重要な批判理論として登場したのが**カルチュラル・スタディーズ**[*]で、人々の生活が歴史的に受け継がれてきた構造によっていかに形成されているかを分析する研究領域である。カルチュラル・スタディーズの研

究者は、まず**文化的テクスト**、すなわち歴史やイデオロギー、個人的経験の複合を表現しているマスメディアやポピュラーカルチャーのような制度に関心を向ける。文化的テクストに注目するエスノグラフィーでは、「聴衆」がどのようにそうしたテクストと関わるのかを理解し、いかにして支配的な意味が生成され、分配され、消費されるのかを究明することが目指される。

カルチュラル・スタディーズの重要な特徴は、研究者に**自己省察的**（self-reflective）であることが期待されている点である。すなわち文化的・社会的構築物それ自体と同じく、文化や社会をどのようなものとして見るかの決定因として、研究者が何者であるか（ジェンダー、人種、エスニシティ、社会階級、性的志向性、年齢など）にも大いに関心が向けられる。伝統的なエスノグラファーが、あたかも個人の顔が見えない録音機の延長のようなものであったとすれば、カルチュラル・スタディーズのエスノグラファーは、それとは対照的に自らの経歴に極めて自覚的であり、それは当然のこととして、物語の一部であると見なす。

カルチュラル・スタディーズは、その性質上、学際的な領域で、研究方法も人類学、社会学、心理学、歴史学からもたらされている。なかにはこの学派が「理論」優勢である――実際のフィールドワークよりも抽象的な概念枠組みを基礎にした分析をする――ことに批判的な者もいる。こうした傾向が幾つかの研究例に見られることも確かであるが、カルチュラル・スタディーズの研究者が、他の研究者にも使われる観察、インタビュー、文書研究*などの基本的な方法を道具立てとして使っていることもまた確かである。しかし、カルチュラル・スタディーズの研究者は、他の批判理論家と共に、従来の社会的・文化的状態に対する持続的な挑戦をするために、これらの方法を役立てると主張する。ただし、他の批判理論の研究者が特定の政策を擁護するために自らの研究を使おうとするのに対して、カルチュラル・スタディーズの研究者は、文化そのものの一般的な批判という観点から考察する傾向がある。（カルチュラル・スタディーズの主要な概念とアプローチについては、Storey, 1998 を参照。）

ポストモダニズム

これらの近年発展してきたアプローチの幾つかは、**ポストモダニズム***という呼称で括られてもいる。「モダニズム」は、客観性と一般的パターンの探求

という科学的方法に倣おうとした社会科学における運動であった。そこで「ポストモダニズム」は、この**実証主義的**なプログラムに対するあらゆる挑戦を指す。ポストモダニズムは、経験の多元性を擁護し、人間行動を支配する普遍的な「法則」への信頼に異議申し立てを行い、すべての社会的・文化的・歴史的な知識をジェンダー、人種、階級によって形成された文脈の中に位置づける。

「ポストモダニズム」は、分析者によって多様な意味を担うようになったが、幅広い研究に通底する次のような幾つかの原則がある。

- 伝統的な権威の中枢に真っ向から挑戦する。この態度は一般社会の覇権的な支配体制だけでなく、科学的学問の支柱となっている主流派にも向けられる。ポストモダニストは、研究対象とする人々を「代弁する」という科学者の前提を拒否する。
- 人間生活は、基本的に**対話的**で**多声的**である。これは、どのようなコミュニティも、均衡状態にある同質的な統一体として描くことはできないことを意味する。社会は本質的に利害競合的な複数の中心の集まりであって、自文化はどのようなものでどのようなものでないかについて、多くの声が飛び交う。したがって、エスノグラフィーは、コミュニティが実際に発する多様な声を考慮に入れなければならない。「文化」や「社会」は、客観的な実在ではなく、**社会的**に**構築される**プロセスを通して立ち現れる概念である――しかしだからといって、文化や社会が「リアルなもの」ではないということではない。
- エスノグラフィーの産物は、客観的で科学的な記録というより、一種の文学的テクストである。産物としてのエスノグラフィーは、中立的なルポルタージュを通して生み出されるのと同じくらい、想像力豊かにメタファーやシンボルといった文芸的な装置を使って生み出される。さらにエスノグラフィーは、モノグラフ、学術論文、学会発表といった伝統的な形式に限定される必要はない。むしろ映画、演劇、詩、小説、絵画的表現、音楽などのかたちをとってもかまわない。ここから導かれる重要な結果は、エスノグラファーは作品の「著者」であり、客観的な「データ」の単なる中立的な報告者というよりも、物語の中の登場人物であるという前提である。(ポストモダニストの立ち位置について広く影響を

与えた2つの文献として、Clifford & Marcus, 1986 と Marcus & Fischer, 1986 がある。)
- 決定のパターンや因果関係の抽出から、**解釈**のプロセスを含む**意味**の解釈へと、強調点がシフトしている。
- いかなる文化・社会やそれに類する現象の研究も、本質的に**相対主義的**である。ある〔文化・社会的〕現象を形成する諸力は、他のそれを生み出す諸力とは決定的に異なるため、社会・文化的プロセスについて一般化することは、誤解を招くことになる。

エスノグラフィー —— 基本原理

このようにエスノグラファーが拠って立つ立場は多様であるにもかかわらず、これらの多種多様なアプローチに通底する重要な特徴を見て取ることができる。

- 対象とするコミュニティの人々の日常行動に対する注意深い観察と入念なインタビューに基づいて、**パターン**を引き出すこと。エスノグラファーが「文化」「社会」「コミュニティ」について語る際には、当事者が気づきにくい社会文化的な全容を、グローバルな視点から眺めるエスノグラファーにとって意味をなすようなやり方で、膨大なデータに基づいて、一般化・抽象化した言葉で語っていることに留意すべきである。
- エスノグラファーは、フィールド研究のプロセスに用心深く注意を払う必要がある。フィールドへのエントリー、フィールドの人々とのラポールの形成、当該集団に参与するメンバーになることのいずれの局面でも、常に注意深くなければならない。

定　　義

現時点では、エスノグラフィーを次のように定義できる。

> エスノグラフィーは、人間集団——その制度、対人行動、有形のモノ、信念など——を描く芸術であると同時に科学である。

エスノグラフィーは、小規模で文字を持たない伝統的な社会を研究したり、その文化的伝統を再構成したりする方法として発展してきたが、今日では、あらゆる社会場面で採用されている。場面によらず、以下のことが言える。

> エスノグラフィーを行う研究者は、主として研究対象とする人々のルーティンや日常生活に関心を持っている。

エスノグラファーは、人々のすべての相互作用や生産活動の事例を記述するというよりも、**予期可能な**パターンを解明するために、人々に生きられた経験に関するデータを収集する。

エスノグラフィーは現場で実践されるが、エスノグラファーは、研究対象とする人々の生活の客観的な**観察者**であると同時に、自らも可能な限り彼らの生活に参加する主体的な**参与者**でもある。

方法としてのエスノグラフィー

エスノグラフィーの方法は、次のような点で、他の社会科学の研究法とは異なる。

- **フィールドに基礎を置く**（研究者が観察・測定しようとする行動の要因を統制した実験室ではなく、人々が現実に生きる場で研究を行う）。
- **個人的である**（研究中の人々と日常的に対面的な接触を持つ研究者、すなわち研究対象とする生活に参与者かつ観察者として関わる研究者によって行われる）。
- **多元的である**（結論を**トライアンギュレーション（三角測量）***によって導くために、2つあるいはそれ以上のデータ収集法を用いて行われる。それらには、質的な方法も量的な方法も含まれる。複数の方法で得られた結論は、強固なものになるとされる）。（これに関する議論については、Flick, 2007b を参照）。
- **長期間の関与が必要である**（かなりの期間、研究対象とする人々と交わろうと考えている研究者によって行われる。実際の期間は、数週間から1

1章 イントロダクション

年以上までと幅がある)。
- **帰納的**である(既存の理論やモデルから導き出された仮説を検証するよりも、一般化し得るパターンや説明に役立つ理論の構築に向けて、詳細な記述の蓄積を用いる)。
- **対話的**である(研究者の結論や解釈に対して、それが生み出されている途中であってさえも、研究対象者がコメントすることが可能である。)
- **包括的**である(研究対象とする集団について、可能な限りまるごとの描写を生み出そうとする)。

産物としてのエスノグラフィー

　エスノグラフィーによって収集されたデータのうち、ある形式のものは、表やグラフ、チャートを使って結果を示すことができるが、概して最終報告書は**ナラティヴ**の形態をとる。それは一種の拡大版物語であって、エスノグラファーが生活し交わりを持ったコミュニティの経験を体験してもらえるように描くことを目的としている。ナラティヴの最も一般的な形態は散文で書かれ、(意識的あるいは意識的でないにせよ)ストーリーテリングと共通する文芸的なテクニックを借りることが多い。(エスノグラファーが散文以外の形態で物語を語ることを選ぶ場合も、最終的な「ナラティヴ」は、同様に視覚芸術、ダンス、映画といった芸術の伝統的手法の影響を受けるだろう。)
　エスノグラファーが物語を語る方法は多様であるが、最も一般的に見られるのは、次の3つのカテゴリーである。

- **写実モード**で語られた物語は、脱・個人化され、感情的に中立な分析者——たとえ分析者が研究遂行プロセスで感情的に巻き込まれた参与者であったとしても——によって客観的に生み出された描写となる。
- **告白モード**で語られた物語は、エスノグラファーが中心人物となり、研究対象とするコミュニティについての物語は、明らかにそのエスノグラファー独自の視点から語られる。
- **印象モード**で語られた物語は、文学や芸術に近いものとなる。対話や詳細な性格描写、風景や舞台設定の活写、過去に飛んだり未来を挿入した

りするナラティヴ構造、メタファーの使用などは、この具体例である。（フィールドワークの「語り」の古典的な概説については、van Maanen, 1988 を参照。）

ナラティヴの形式にかかわらず、エスノグラフィーの報告書が科学や文学、芸術として資するには、次のような基本点を含んでいなければならない。

- まず読者を惹きつけ、当該研究がなぜ分析的な価値を持つのかを説明する**導入**が置かれている。
- 次に研究者が研究の設定を記述しそこでのデータ収集法を説明する、**場面の設定**が述べられる。多くの著者は、場面を説明する方法について、**厚い記述**＊という用語を使う（もっとも、この用語は本項目での議論を離れて多様な方法で使われることに注意する必要がある）。「厚い記述」とは、その場面に対する単なる表面的な属性を与えるのではなく、それがどのようなものであるかの「感触」を喚起するために、社会的関係の細部、文脈、情動、ニュアンスを呈示することである。（本問題に関する古典的な取り扱いとそこから派生したエスノグラフィーに対する影響についての精緻な議論については、Geertz, 1973 を参照。）
- 次に**分析**がくる。ここでは、研究者は、おびただしい数の詳細な記述を一貫性のある一連の社会文化的パターンに収斂させる。それは、読者が当該コミュニティや人々を理解し、この特定のエスノグラフィーを他の類似したコミュニティのそれと関連づける助けとなる。
- 最後に**結論**を置く。研究者は主要な知見を要約し、本研究がより広範な知識の集積にどう貢献するかを示唆する。

スタイルと文脈としての参与観察

エスノグラフィーにおいて、参与観察を含まないかたちで、代表的なデータ収集法（第 4 章参照）を使うことも確かに可能である。たとえば、場合によっては、現場でインタビューアーがライフストーリーを聞き取るよりも、研究参加者に自伝を書いてもらう（あるいは、語ってもらって録音する）方が効率的

であろう。しかしながら、本書では、主にフィールドでの参与観察を伴うエスノグラフィーの方法と産物に主眼を置く。

　非参与的エスノグラフィーでは、唯一実際に問題となるのは、研究協力者として予定される人々に、研究者は正真正銘の研究者であって、研究計画を立てるにあたって要請される倫理的配慮をしていると認識してもらうことである。研究に参加するという意思は、一種のビジネス契約となる。研究者は、あくまで一人の研究者としてつながりを持つ。しかし、参与観察では、研究対象とするコミュニティの人々は、たまたま研究者である人が隣人や友人としてフィールドに存在することに同意するのである。参与観察者は、一人の人間として受け入れられるように努力しなければならず（異文化での振る舞いや住居環境、時には風貌など多様なものを意味する）、科学者として信頼できるというだけではダメなのである。研究者は、そこに住まう大部分の人々にとって受け入れられるスタイルに合わせなければならない。このような参与観察では、研究の全要素を統制することなど望むべくもない。コミュニティの善意に依存しているのであり（時にコミュニティの基本的生活資源が乏しい場合は、文字通りにそうである）、たとえ事前に入念に準備した研究計画通りに物事が運ばなくても、「流れに沿う」という暗黙の合意がなされなければならない。参与観察者は、隣人や友人として受け入れられてはじめて、データ収集という仕事に取りかかることができるのである。とは言え、本書の目的から見て、参与観察それ自体は研究の「方法」ではないことを忘れないでほしい。参与観察は、エスノグラファーがデータ収集するために確立されたさまざまな技法を用いる、行動的な文脈なのである。

キーポイント

- エスノグラフィーは、人々と人々の生活のしかたに関する包括的な記述である。
- エスノグラフィーは、今日ではあらゆる研究の場で、多くの領域の実践家に広く採用されているが、元々は、小規模で隔絶された伝統的な社会を研究するために、19世紀から20世紀初頭に人類学者によって開発された。
- エスノグラフィーは、研究対象とするコミュニティへの主体的な参与者

かつコミュニティの客観的な観察者である研究者によって遂行されることが多い。
- エスノグラフィーは、集団行動の予測可能なパターンを追究するための**研究方法**の1つである。それは、フィールド依拠的、個人的、多元的、長期的、帰納的、対話的、包括的な性質を持つ。
- エスノグラフィーは、研究の**産物**をも意味する。それは、コミュニティの生きられた経験を呼び起こすと共に、読者をそこの人々との出会いへと誘う、コミュニティについてのナラティヴである。このナラティヴは、典型的には散文で書かれるが、物語を伝えるために他の文芸の形態をとることもある。いずれの場合も、最も説得的な方法で物語を語るために、適切なジャンルの文学や芸術の表現形式を利用する。
- 参与観察それ自体は研究方法ではなく、むしろフィールド依拠的な研究者によって採用される個人的スタイルであると言える。研究対象とするコミュニティに受け入れられることで、研究者は、フィールドの人々や人々の生活のしかたについての発見をするために、多様なデータ収集の技法を使用することが可能になる。

さらに学ぶために

エスノグラフィーを計画するにあたって、次の4冊が役に立つだろう。

Agar, M. (1986) *Speaking of Ethnography*. Beverly Hills, CA: Academic Press.

Creswell, J. W. (1997) *Research Design: Qualitative and Quantitative Approaches*. Thousand Oaks, CA: Sage.

Fetterman, D. M. (1998) *Ethnography Step by Step* (2nd ed.). Thousand Oaks, CA: Sage.

Flick, U. (2007a) *Designing Qualitative Research* (Book 1 of The SAGE Qualitative Research Kit). London: Sage. ［フリック／鈴木聡志（訳）(2016)『質的研究のデザイン』（SAGE 質的研究キット1）新曜社］

＊訳者補遺

小田博志 (2010)『エスノグラフィー入門：〈現場〉を質的研究する』春秋社

やまだようこ（編）(1997)『現場(フィールド)心理学の発想』新曜社

2章　エスノグラフィーの有効性——エスノグラフィーの方法によって、どのようなトピックを効果的かつ効率よく研究できるのか

エスノグラフィーの方法——その一般的有効性
エスノグラフィーによる研究の実例
エスノグラフィーの方法——研究上の特有の課題
エスノグラフィーの方法——研究の場面

この章の目標

- エスノグラフィーの方法を選ぶ際に求められる主要な研究上の課題とは何かを理解する。
- エスノグラフィーの方法を最も有効に適用できるのは、どのような場かを理解する。

エスノグラフィーの方法——その一般的有効性

前章で述べたように、エスノグラフィーの方法は、多くの学問分野や専門領域で採用されてきた。しかし、領域の違いを超えて、エスノグラフィーに向いている状況に典型的な幾つかの特徴がある。

エスノグラフィーによる研究の実例

本書では、重要なポイントを説明するために、私自身の2つのフィールド研究プロジェクトを例として用いる。これらは、あくまで説明のために例示するのであって、見習うべき手本として提示するものではない。2つのプロジェク

トは、抽象的な概念を具体的に説明するために使うにすぎない。私は文化人類学者なので、プロジェクトには、どちらかと言えばエスノグラフィーに対する人類学的な扱いが反映されている。異なる領域の読者は、個別の研究領域における基準に従って、一連の手続きを調整していただきたい。

> **Box 2.1　エスノグラフィーの方法の有効性**
> ● 一般的には、まだ十分に解明されていない社会問題や行動を研究するために、エスノグラフィーの方法が使われる。そのような場合、詳細な量的サーベイの尺度を携えてコミュニティに入ることは、時期尚早である。エスノグラフィーの方法は、より精密な統計的手段で特定の問題について磨きをかける前に、研究者が「地勢を調べる」助けとなる。
> ● エスノグラフィーの方法は、（当該コミュニティについての既存の研究や類似した他のコミュニティでの研究を基にして開発されたサーベイや質問紙調査に代表されるような、外部者の視点から捉えるよりも）諸問題に対する人々の視点を知ることが重要な目標であるような時にも、その有効性を発揮する。

トリニダード・プロジェクト

このプロジェクトは、伝統的な文化人類学に典型的な場——アメリカ合衆国の外に位置し、強固な自己イメージを持ち（かつ外部者に定義がはっきりしたコミュニティとして認識された）境界が比較的明確なコミュニティで行われた。1970年代初頭以降、私は、奴隷制が公式に終焉した後の「契約移民」システムの下で、大英帝国のさまざまな植民地に連れてこられたインド人の子孫について研究している。契約移民労働者は、契約によって束縛期間が限られている点で、表向きには奴隷ではない。労働者は束縛期間を勤め上げた後は、雇用地を離れる自由があった。しかしながら、束縛期間中、労働条件は実質的には奴隷と同じであった。インド人は理論的にはインドに帰る自由があったが、帰る者はほとんどいなかった。多くの者にとって、帰国の費用は負担が大きすぎたし、また「黒い水」を渡ってしまったために、自分たちは出身村のシステムとの伝統的な絆を喪失した——それにより宗教的に不浄となった——と考える者もいた。それゆえに、大多数の者が契約移民の地域に留まったのである。私が

特別な関心を持ったのは、西インド諸島、特にトリニダード島であった。インド人は、砂糖プランテーションでの労働のためにトリニダードに連れてこられた。トリニダードへの契約移民は、1837年から1917年まで続いた。その子孫は今日、トリニダードの人口の少なくとも半分を構成しているが、ごく最近まで、彼らは概してこの島嶼国家の政治的・経済的主流から切り離された農民に止まっていた。(トリニダード・プロジェクトの詳細については、Angrosino, 1974を参照。)

施設外治療プロジェクト

この研究は、身近にあるコミュニティで行われた。私は、1970年代初めに「施設外治療」されるようになった慢性精神疾患や精神遅滞の人々の状況に関心を持つようになった。精神薬の進歩により、病院外での治療が可能になったのである。施設外治療の動きには、人道的な動機(施設内監禁のくびきから解放してコミュニティで生活できるようにする)と経済的な動機(コミュニティの中で個別に対応する方が一生施設に収容するよりも安くつく)があった。施設から出ることで、病院外でうまく適応できる人もいたが、複雑な健康福祉サービスの割れ目から落ちて、多くは主要な居住区で見られるホームレスの中核をなすことになった。私の研究は、重篤な精神疾患と精神遅滞を持つ「二重診断患者」に教育・仕事・住居を提供する、フロリダのある施設を対象にしたものである。(本プロジェクトの詳細については、Angrosino, 1998を参照。)

エスノグラフィーの方法 ── 研究上の特有の課題

1. エスノグラフィーは、研究課題を明確にするために使用される

高い評価が確立している一定の研究トピックは、関連研究が大量に蓄積されており、特定のデータ収集法を用いて、検証可能で妥当な作業仮説を設定できることから、研究者にとって魅力的である。これに対して、他のトピックはまだ曖昧で、適切な仮説を提出する前に、言ってみれば地面を這いつくばって研究する必要がある。エスノグラフィーの方法が特に適しているのは、後者のようなトピックである。

たとえばトリニダード・プロジェクトの場合、旧大英帝国のさまざまな領地

で契約移民労働をしていたインド人は、文化人類学者だけでなく、歴史学者、経済学者、政治学者、社会学者、社会心理学者にも広く研究されていた。ただし、西インド諸島に関して言えば、私が研究を開始した当時は、最も隔絶された、文化的な伝統を守るインド人コミュニティに焦点を当てる傾向があった。しかし、トリニダードには、世界的な石油化学経済とつながるセクターがあり、インド人が自らの伝統的な孤絶を打ち破り得る機会がたくさんあった。実際に多くの人々は、そうしていた。若者は農業以外の仕事に就き、高等教育を受け、辺鄙な村の外に居住していた。他方で、私がフィールド研究を開始する前に聞いた話から、彼らはインド人コミュニティのアイデンティティ感覚を強く保持していることも知っていた。この伝統的社会で何が起きているのだろうか。インド人は、現代社会に生きることと文化的伝統の中で自己定義することとのダイナミクスを、どのように理解しているのだろうか。

施設外治療プロジェクトでは、精神に障害を持つ人々は、日常生活のさまざまな複雑な事柄を乗り越えるのに、明らかに困難を抱えていた。施設外治療プロセスの初期に存在した文献によれば、病院を出た患者は安定するか、さもなければ総合的な「介護支援」を行うサービス機関や慈悲深い個人支援者の世話になるかのどちらかであると示唆されていた。実際には、善意ある他者の保護を受けるために施設外治療の自由を諦めるか、それとも適応に失敗して希望のない浮浪者になるか以外に、選択肢はないように思えた。しかし、当事者は本当にそのような二者択一で物事を見ていたのだろうか、それとも、彼らにできる別のやり方を見つけていたのだろうか。

これらの2つの研究プロジェクトでは、研究者によって発せられた中心的な問いは次のものであった。「［今日のトリニダード・インド人／施設を出た精神障害を持つ成人］であることは、どのように**感じられる**のだろうか？」この問いは、人口統計的に答えられる問い（「契約移民労働の時期にトリニダードに連れてこられたのは何人か」「現在のトリニダード人口の何パーセントがインド人で、島内のどこに住んでいるのか」）や疫学的データで答えられる問い（「何人が重篤な精神疾患と診断されたのか」「精神遅滞の行動上の主要な症状は何か」）に比べると明瞭なものではない。この問いに答えるには、研究者は単に離れた立場から研究対象とする人々を観察するのではなく、人々に生きられている経験に参加することが求められるのである。

2. エスノグラフィーは、直ちには「もしXであればYである」とは言えない問題や既存の研究からは予測し得なかった行動の発見につながるような問題を解明するために使用される

標準的な量的研究は、問題が予測可能な関係——独立変数（前提条件とされる要因）がある場合の従属変数（変化する要因）——で記述できる時に最もよく研究されるという仮定に立っている。しかし、時として現実の生活で生じる諸問題は、少なくとも最初の段階では、このような検証可能な形式に落とし込むのは難しい。

例を挙げれば、先行研究でも驚きを持って事実として書かれているが、トリニダード・インド人に占めるアルコール依存症の割合は、異常に高いように見受けられた。契約移民労働者として来たインド人の伝統的な宗教（ヒンズー教とイスラム教）では、植民地時代に宣教師によって布教されたキリスト教も同様であるが、飲酒が厳格に禁止されていた。なぜ、自文化集団に属し伝統的だと公言していたインド人が、アルコール依存になるのだろうか。1つには歴史的要因があったと考えられる。契約移民のプランテーション労働の賃金は、当時の砂糖農園の主要な生産物であったラム酒で支払われていたという歴史学者もいる。あるいは心理学的な説明も可能である。公民権を剥奪されたマイノリティは、自文化が脅かされた時に自己破壊的な行動をとる傾向がある。さらには経済的な要因も働いていたであろう。貧乏な人々は、自らの境遇に対する絶望から逃れるために、酒やドラッグに溺れて忘却することで自らを慰めようとする。しかし、トリニダード・インド人は、ネイティブ・アメリカンとまったく同じように公民権を剥奪されていたわけではない。政治的プロセスからの彼らの疎外は、長らく彼ら自身の選択の問題であって、あからさまな差別の結果ではなかったのである。また、第一世界における状況と対比される貧困は、西インド諸島の中でそれほど劣悪ではなかった。明らかに、インド人のアルコール依存症をめぐる矛盾を整理する唯一の方法は、彼らの振る舞いを観察して、彼ら自身が理解しているようにインド人とアルコールとの関係の歴史を再構築することであった。

同様に、病院の外で生活する**精神障害を持つ人々**（特に精神遅滞者）の適応では、性的な問題が影を落としていた。精神遅滞者は自己統制力の欠如ゆえに、ちょっとした誘惑で性的な堕落に陥りやすい無知な者と見なされていた。従来

の養護者の対応も、性に関する情報を与えないようにして、「訓練」計画は乗り物の乗り換え方法、時計の見方、バスの時刻表の読み方などを内容とし、性に関する訓練はほとんど取り入れられていなかった。しかし、精神遅滞者を無垢の状態に留めておくことからはほど遠く、そうした無知は混乱を引き起こすだけで、時に悲惨な結果となることもしばしばであった。そのような人々は、性と無関係に生きることを運命づけられているのだろうか（ただし身体的な去勢や強制的な不妊手術は、もはや合法的な選択肢ではない）。施設外治療成人の対処支援戦略に、性的な事柄を含める道があるだろうか。改めて、その答えは、当事者の視点から彼らの生活を経験することによってはじめて見出せるもので、価値中立的な臨床データに基づいた見解を整理することによってではないのである。

3. エスノグラフィーは、特定の社会的な場における参与者が誰なのかを見極めるために使われる

研究者がよく知っていて理解していると思っているコミュニティの研究を始める場合においてさえ、変化のダイナミクスによって、見知らぬ参与者が社会的相互作用のネットワークの中に含まれてくることを研究者は認識しなければならない。

たとえば、海外居住のインド人コミュニティでは、伝統的なインド文化における「合同」家族（男兄弟が結婚後も妻子と共に家長である父親の家で暮らす複合家族）が営まれていると考えられていた。しかし実際のところ、合同家族は、契約移民労働の時期を生き抜くことができなかった。トリニダードのインド人社会組織において、事実として家族がいまだに中心であることには変わりはないが、誰が「家族」で誰が「家族」でないか、そして家族間はどのような関係かは、かつてとは違っている。現在の家族組織を詳細に解読した記述的なエスノグラフィーは、この状況を明瞭にするのを助けてくれる。

施設を出た精神遅滞成人の状況も、しばしば予想やステレオタイプで表現され、〈依存的な患者‐強力なサービス提供者／支援者〉という構図で描かれてきた。この関係は、ある程度は真実である。しかし、施設外のコミュニティで暮らす精神疾患を抱えた成人について言えば、社会的ネットワークの中に考慮すべき他の要素がある。他のどのような人が、精神疾患者の生活で重要な役割

を果たしているのだろうか。その相互作用の質は、どのようなものか。ここでも、詳細なエスノグラフィーの記述が事態をつまびらかにするのを助けてくれる。

4．エスノグラフィーは、プロセスを詳細に記録するために使われる

　明瞭な統計的関係とは違って、プロセスは多数の変化しつつある要因が絡み合った複合体である。現実の生活のほとんどは（要因の統制が可能な臨床的・実験的な研究場面とは反対に）動的なプロセスである。

　例を挙げれば、私がフィールド研究を始めた頃、トリニダード・インド人のアルコール依存症患者と接触する主要な方法は、「アルコール依存症患者更生会（Alcoholics Anonymous: AA）」のメンバーを通してであった。AA はアルコール依存症患者が病気に立ち向かう方法として、長い間にわたって十分な成功を収めてきたが、アメリカ合衆国で発展し、強いキリスト教的世界観の中で成長してきたものである。なぜトリニダードというかなり異質な社会的世界に住むヒンズー教やイスラム教のインド人の間でも、AA の方法が功を奏していたのだろうか。彼らの回復プロセスを詳細に記録するためには、トリニダードの AA に関するエスノグラフィーが必要であった。トリニダード・インド人は、事実としてどのように AA の標準的な要素を取り入れ、それらを自らの文化や状況の特殊性に合うように変形させていったのだろうか。

　また、施設を出た成人のコミュニティへの適応は、明らかに公的な措置解除通知に署名して、それを当事者に送ること以上の出来事である。施設内ケアから自立した生活に移行した数人の人々の追跡研究によれば、適応は複雑なプロセスで、その成功の程度もさまざまである。公的な機関の援助（医療・教育・職業・移動・住居などのサービス）をどれだけうまく使えるかは、常に何かにつけ、同僚、近隣、家族、友人からのインフォーマルな支援システムをどれだけ見つけられるかにかかっていた。

5．エスノグラフィーは、その場に適した方法をデザインするために使われる

　エスノグラファーは、決して量的尺度の使用に反対しているわけではなく、尺度は現場の経験から産出されると主張するものである。こうして修正される尺度は、（比較検討する際により有用なものにするために）しばしば公認され標

準化された信頼できるテストを基にしているが、現場の状況に敏感であることが重要である。場合によっては、敏感であるために内容が修正されることもある（性行動のような話題は、ある文化では自由に議論できるが、別の文化ではタブーとされるなど）。別の場合には、研究参加者が理解できる言語に尺度のツールを翻訳しなければならない。（研究が非英語圏で行われる場合には、現場で実際に使われている言語が必要になる。あるいは難しい学問的概念を研究者ではない人にもわかる用語に翻訳する必要も出てくる。）さらに、尺度のツールが受け入れられるように、調整する必要があるかもしれない。（たとえばある文化では、男性調査者は、付添人の同席なしには、女性の研究対象者に対して、特に個人的なことについてインタビューすることが許可されない。）

　量的研究では、標準化された尺度をプロジェクトの序盤で使用する。作業仮説を精緻化するのに使える詳細で客観的なデータを豊富に収集できるからである。しかし、エスノグラフィーでは、尺度の使用は研究の終盤に使うことが望ましい。それというのも、研究者が尺度を対象者にとって納得がいき受け入れられるものにするために、人々やコミュニティについて学ぶだけの時間が必要だからである。

　トリニダード研究でも施設外治療研究でも、私は標準化された尺度を利用した。前者では、本人に自覚されたコミュニティでの心理的ストレスを測定するために、医療研究者によって作成された「健康意識調査（Health Opinion Survey: HOS）」を用いた。これは元々、ストレスと精神医学的な障害との関連を検証するために使用されたものである。私は、ストレスとアルコール依存症が関係あるのかどうかを調べるために用いた。主な修正は、手続き上のものであった。私はコミュニティでの参与観察から、自分がアルコール依存症であることが家族やコミュニティとの関係に与える否定的影響を強く懸念しているために、インド人は、アルコール依存症を個人的な失敗というよりも社会的な疾病として捉えていることがわかった。こうしたことから、彼らは自分の個人的な問題を1対1でよりも、集団で話し合うことを好んでいた。そこで私は、彼らが質問紙に記入する前に自由に自分の回答について集団で議論できるAAの会合や集まりで、HOSを実施した。公認の手続きからの逸脱は、得られた結果の比較可能性を危うくするが、予期しなかった豊かなデータを得ることができた。集団での議論を通して、人々が何をストレスだと感じているかを把捉

できたことは、このコミュニティ志向社会では、従来実施されてきたように臨床場面で多くの「純粋な」回答を得るよりもはるかに重要なものであった。

　私は、施設を出た精神障害を持つ人々の間に性的なことについての不安があることを知ったので、そうした人々が性についてどれだけの知識を持っているかを研究したいと思った。サイコセラピストの同僚と一緒に、性に関する客観的な情報（解剖学的な知識）と性に対する主観的な態度や性関係を査定する診断用のチェックリストを考案した。養護者のほとんどがこの話題について話すことに不快感を示したことから、出来合いの尺度を携えて押しかけていたら悲惨なことになっていただろう。人々とのこれまでの関わりから（参加者との間に築いてきた信頼関係からも）既に学んでいたことを反映して時間をかけてこの尺度を開発したが、最終的に得られた結果は、当該集団の人々を理解する上で意義深いものであった。トリニダードのインド人と同様に、施設から出た成人は、互いに自分の回答について話し合うことを有益だと感じていた。彼らにとっては、単独の個人として臨床的「検査」を受けるよりも、日常会話のような形態である方が大変に重要なのであった。

エスノグラフィーの方法 ── 研究の場面

　エスノグラフィーは、「自然な」集団場面（group setting）で人々が相互作用するような場であれば、どこでも使うことができる。特定の目的のために統制された実験室に人々を集めることは、実験的研究では有効な技法であるが、エスノグラフィーではそうではない。本物のエスノグラフィーは、研究者が日常生活を営む人々と関わる力や人々を観察する力に負っている。1章で述べたように、エスノグラフィーは、小規模で文化的に孤立したコミュニティで使う技法として開発された。後に、より大きな社会の中のきちんと定義されたコミュニティ（人種、民族、年齢、社会階級などによって定義づけられる集団）に対しても使われるようになった。さらに今日では、日常的な相互作用を持っていない、同じ関心を共有する集団である「関心コミュニティ」（たとえば、いつも互いに交流しているわけではない、大卒の HIV 感染の女性患者）や伝統的な地理的空間ではなく「サイバースペース」内に形成される「バーチャル・コミュニティ*」でさえも用いられるまでに拡大している。

キーポイント

- エスノグラフィーの方法は、研究者がフィールドに入って、まだ十分に解明されていない社会問題や人々の行動を研究する時に使われる。
- エスノグラフィーの方法は、特定の問題に対する人々自身の視点を知ることが研究の重要な目的である場合に有効である。
- エスノグラフィーの方法は、次のような課題を解決する際に有効である。
  - ✓ 研究課題を明確にする
  - ✓ 想定されていなかった結果を説明する
  - ✓ 特定の社会的場面の参加者がどういう人々であるかを知る
  - ✓ 社会的プロセスを詳細に記録する
  - ✓ 場面に適切な尺度を作る
- エスノグラフィーは、「自然な」集団場面で人々が相互作用する場であれば、どこでも実施できる。
- エスノグラフィーは、小規模で文化的に孤立したコミュニティで始まったが、より大きな社会の中のきちんと定義されたコミュニティでも行われるようになった。
- 今日、エスノグラフィーは、伝統的な、地理的境界を持つコミュニティだけでなく、「関心コミュニティ」や「バーチャル・コミュニティ」の研究も含むように拡大している。

さらに学ぶために

以下の文献は、本書で用いられている研究についてより詳細に知り、エスノグラフィーを計画しデザインするのに役立つだろう。

Angrosino, M. V. (1974) *Outside is Death: Alcoholism, Ideology, and Community Organization among the East Indians of Trinidad.* Winston-Salem, NC: Medical Behavioral Science Monograph Series.

Angrosino, M. V. (1998) *Opportunity House: Ethnographic Stories of Mental Retardation.* Walnut Creek, CA: AltaMira.

LeCompte, M. D. & Schensul, J. J. (1999) *Designing and Conducting Ethnographic Research* (Vol.I of J. J. Schensul, S. Schensul & M. LeCompte, (eds.), *Ethnographer's Toolkit.*) Walnut Creek, CA: AltaMira.

＊訳者補遺

フリック, U. ／小田博志ほか（訳）(2002)『質的研究入門：〈人間の科学〉のための方法論』春秋社［特に「第Ⅱ部：研究デザイン」］

メリアム, S. B. ／堀薫夫・久保真人・成島美弥（訳）(2004)『質的調査法入門：教育における調査法とケース・スタディ』ミネルヴァ書房［特に「第Ⅰ部：質的調査法のデザイン」］

佐藤郁哉 (2002)『フィールドワークの技法：問いを育てる、仮説をきたえる』新曜社

3章　フィールドサイトの選定

自己目録作りから始める
フィールドサイトを選ぶ
ラポール

この章の目標
- エスノグラフィーを計画している研究者が考慮しなければならない事項を理解する。
- フィールドサイトで参与観察者として機能するために、研究者がフィールドの人々とラポールを形成し維持する方法を理解する。

「バーチャル・コミュニティ」で研究を行う際に生じる問題については、9章で取り上げる。本章とこれに続く3つの章では、伝統的な（そして最も一般的な）地理的な境界があるフィールドサイトで生じる諸問題について議論する。

自己目録作りから始める

しばしば、エスノグラフィーを行う研究者が最終的に頼りにする装備は、自分自身であると言われる。フィールドに入る時に、カメラ、録音機、ノートパソコンなどを携行するのは大変によいことである。しかし結局のところ、参与観察とは、研究者であるあなたが、研究対象とする人々と日常的に相互作用することなのである。それゆえに、自分自身を理解するところから始めるのが何より重要である。あなたはどのようなタイプの人間なのか。あなたはどのよう

な状況を心地よく思い、どのような状況を嫌うのか。はっきりとしていることもある。もしあなたが寒さに弱いとすれば、たとえ本を読んでイヌイット文化に魅了されたとしても、北アラスカのイヌイット居住地をフィールドワーク先として選ぶのはよい考えではないだろう。他方で、それほど明確でないこともある。もしあなたがプライバシーに大きな価値を置く人間であれば、同じ価値観を持っていて他者のプライバシーに敬意を払うようなコミュニティを選ぶ方がよいかもしれない。もちろんたいていの人は、おおかたの状況に順応することができる。しかし、研究では時間にも予算にも限りがあることを考えると、少なくとも自分にフィットする可能性がある環境を研究地として選んだ方がよい。研究対象とするコミュニティに関するデータを収集するプロセスよりも、コミュニティに順応するプロセスにより多くの時間と努力を費やすとすれば、参与観察は意図した目的に役立つものとはならない。

そこで、偽りのない自己評価から始めることが重要である。特に次の点をチェックしてみよう。

- 情動的状態や態度
- 身体的健康と精神的健康（一緒にフィールドに入る人の健康も）
- あなたの得意領域と不得意領域
- 人々や行動、社会的・政治的状況についての先入観を脇に置く能力

個人的要因のうちの幾つかは、自分でコントロールしたり、対象とするコミュニティに適合するよう調整したりすることができる。髪型、宝石や装飾品の選択、服装、声のトーンなどは、どれも必要とあれば調節できるものである。他方で、ジェンダー、年齢、人々に受けとられる人種・民族的カテゴリーなど、それほど簡単にはいかないものもある。もし研究しようとするコミュニティでこうした区分が重視されるのであれば、その文化に入り込むべきかどうか慎重に考える必要がある。当該コミュニティの人々のジェンダーや人種への姿勢が間違っていると考えるかもしれないが、あなたの仕事は研究者であって社会変革者や宣教師ではないことを忘れてはならない。（たとえ先の章で述べた社会変革者として自己認識している「批判的」エスノグラファーでも、共感するようになったコミュニティが保持している立場の擁護者になるのが一般的である。自分

自身の問題意識をコミュニティに持ち込み、それを研究対象の人々に課そうとすることはない。）要するに、**あなたが議論や論争の対象になるようなフィールドサイトを選んではいけない**ということである。

フィールドサイトを選ぶ

徹底的に自分の見直しをしたら、どこで研究をしたいかを決める、より客観的な基準を適用することができる。これらの客観的な基準は、学問的なものもあれば、単に実践上のものもある。以下の指針が役立つだろう。

1. 解明したいと考えている研究関心がある程度明瞭なかたちで見られると最も期待できるサイトを選ぶ

研究課題についての感覚は、多様なかたちで養うことができるだろう。あなたの研究の中心的な関心は、次のようなところにあるかもしれない。

- 指導者から与えられた課題
- 著名な研究者が行った研究のフォローアップ
- 現在、ニュースで話題になっている問題の解明
- 先行研究の展開——特定の問題について、従来言われてきたことに実際とのギャップがあると気づいたかもしれない
- 自分が経験したことから、自分に直接的な影響を与えた物事について、さらに幅広い情報を収集したいという気持ち
- 特定の社会的・政治的立場を支持するような情報を収集することによって、それに役立てたいという意図

契約移民インド人のような移民コミュニティの伝統的な文化に何が起きているのかを研究するためには、伝統的すぎず同化しすぎてもいない海外居住のインド人コミュニティの参与観察が必要だった。私が研究を開始する時点で、トリニダードはちょうどそのような場所だった。

精神障害を持つ成人の施設外治療の影響を研究するためには、そうした人々が職や住宅等を求めて大勢集まりやすい都市のサイトを選ぶ必要があった。

たった一人の慢性精神疾患患者が家族に保護されて暮らす田舎のコミュニティは、妥当な選択ではなかっただろう。

2. 他の研究者によって研究されていて比較可能であるが、研究されきってはいないサイトを選ぶ

　人類学者の間には、典型的なナバホ族の家族は、母親・父親・3人の子どもと1人の人類学者で構成されているという趣旨の言い古されたジョークがある。これは誇張であるにしても、特定の人々や場所があまりに頻繁に研究されてきたことは、否定し難い事実である。不運にも大学に近接しているコミュニティは、その利便性という研究者の都合から、自分たちのコミュニティが研究サイトに選ばれたと感じるだろう。どんなに好意的な人々であっても、歓待には限界がある。同様に、すべての研究プロジェクトが、何事も一から始めなければならないと考えるべきではない。もしすぐにもニューギニア高地に行くだけの資源がないのであれば、以前に研究された近場のコミュニティでフィールドワークをすることになる。そのような場合は、研究者が今でも歓迎されるか、「ああ！　もうその質問には何十回も答えた！」と叫ばれずに済むように、研究関心が十分に違っているかを確認するよう心掛けなさい。

　私が最初に海外居住のインド人コミュニティでフィールドワークをした時、トリニダードのコミュニティについてのエスノグラフィー報告書が幾つかあったが、どれも孤立した村落に関するものであった。私は、まだ農業主体ではあったが、1本の幹線道路沿いにあって、村の若者を惹きつけている多少とも「近代的な」雇用（大手石油製油所など）へのアクセスが容易なある村を拠点とすることにした。

　私の施設外治療研究は、カリフォルニアで行われた研究に触発されたものであったが、私は主にフロリダ、テネシー、インディアナの各州で研究を行った。それらは比較可能な状況にある一方で、独自の社会的・政治的な属性を持っていた。

3.「要許可」障害が最小なサイトを選ぶ

　ビザ、種痘証明書、地元の名士の紹介状といったエントリーに必要な通常の手続きは、それほど問題にならない。しかし、時として配慮すべきずっと厄介

な事柄がある。特に名だたる犯罪問題のあるコミュニティで研究をしたい場合には、警察当局による身元チェックが必要になるだろう。党派抗争が起きているコミュニティの場合には、予想し得るすべての関係集団から許可を取り付ける必要があるだろう。独裁主義の中央集権国家のコミュニティの場合には、何層にもわたる官僚主義的なヒエラルヒーの各階層から決裁をもらわなければ、研究者の受け入れを許可しようとはしないだろう。エントリーのプロセスがあまりにも煩わしい時は、決心のしどきである。

4. コミュニティの役に立ちこそすれ負担にならないサイトを選ぶ

　参与観察者であるあなたは、研究対象とするコミュニティで生活するということを忘れてはならない。たとえ1日の終わりに自分の家に帰ることができるような場所を研究している場合でも、（状況に応じて有償もしくは無償で）仕事をしている、あるいはコミュニティの資源を利用していると思われている。必要なものはできるだけ自分で調達できるか確認してほしい。しばしば人々は、信じられないほど歓待してくれて、喜んでよそ者の面倒を見てくれようとする。しかし、ただ乗りを歓迎する者などいないということに留意すべきである。**資金的・時間的な資源を注意深く計算して、実際的な計画を立てるよう特別に注意を払いなさい。**もしフィールドに配偶者や子どもを同伴するのであれば、彼らの分の支出も計算に入れる必要がある。もしチームの一員として研究をするのであれば、同時に複数のよそ者に対してコミュニティが負担しなければならない部屋や食事などの潜在的な負担も考慮しなさい。

　同様に、最適な参与観察ができるだけの役割がとれるようなサイトを選ぶようにしなさい。参与者として深入りしすぎそうなサイト、あるいは距離を置いた関係しか持てないと予想されるサイトを選ばないように、十分に注意してもらいたい。

　最初にトリニダードで研究を行った時、私はある家族の家に住み込んだが、ちょうどその家の長男がカナダで仕事をするために出て行ったばかりだった。その家族は、新しい青年を屋敷内に迎え入れてくれたが、家族の一員であることが大変重要であるとわかった。それは、インド人の文化的文脈では、他者と相互作用するための大事な先行条件であったからである。インド人は、どこの家の者かという観点で、人物を見ることが多いのである。

施設を出た成人の研究は、「重複診断された」患者の社会復帰のための教育訓練プログラムを提供するクラスのボランティアになることで促進された。私はボランティアという公認された役割を持っていたために、自然に行ったり来たりできたが、同時に正式な「スタッフ」ではなかったため、患者たちはかなり気楽に私に個人的な感情を打ち明けてくれた。

ラポール

本書の読者は皆、世界中のどのコミュニティでも歓迎される、寛容で社交的で愛すべき素晴らしい人々であることは言うまでもない。しかし、万が一、コミュニティの誰かがその能力に疑いを抱くことがあるような場合には、以下の助言が役に立つだろう。

- **馴染みがあるコミュニティや自文化とよく似たコミュニティの方が仕事がしやすいと考えてはならない。**あなたが研究対象者と同じようであればあるほど、あなたに対する期待が大きくなる一方で、あなたの奇妙さ(データ収集を必要とすることなど)に対する寛容さがなくなる。あなたがよそ者であればあるほど、人々は何が起きているかをあなたが本当に**知らない**とわかっているので、助けてくれようとするのである。
- 同様に、自分のコミュニティとよく似たコミュニティで研究すれば、うまくやっていく術はすべてわかっていると考えてはならない。**何事も当然のこととか確かなやり方と思い込んではならない。**
- **最初に歓迎してくれたと思う人に「拘泥」してはならない。**自分に話しかけてきて自分の仕事に関心を示してくれる人に——それが誰でも!——安心感を持つのは自然なことである。しかし、時にはそのような人が、実はコミュニティの逸脱者だったり、(もっと悪い場合には) 監視者を自認する者だったりすることがある。こういう疑わしい人物と親しくなりすぎると、他の人たちと知り合いになる機会が制限される。
- それゆえに、コミュニティへの大事なガイドになってくれる人物が、コミュニティ内で**尊敬され好かれている**人であることを確かめなさい。
- コミュニティにとって役立つよう**最大限努力しなさい**。助け、助けられ

るという相互性は、長い目で見てラポールを形成し維持することになる。仕事場まで車で送るとか子守りをするとか食料の購入費を貸すなどは、常に心積もりをしていること。とは言え、フィールドの人々の言いなりになる必要はない。つまり時間や資源の限界は言うまでもなく、自分自信の正当な課題を持っているのである。しかし、自分の課題に執着して、他の人々と交流している人としての振る舞いを無視してはならない。相互的な義務の中には、時に他のものよりも重要な意味を持つものがある。たとえば名付け親になることに同意することは、ある文化では重大なことであるため、それを引き受ける前に、そこから生じる責任を引き受けられるのかどうか、注意深く検討すべきである。引き受けてからそれが暗黙に意味する約束を破るよりも、丁重に断った方がよいだろう。

- **あなたの目的を説明する時間をとりなさい。**研究対象とするコミュニティで、あなたの研究の背後にある学問的な本質を理解する人は多くないであろうが、共通する関心事についての情報を集めたいというあなたの望みについては、誰にでも理解してもらえるだろう。多くの人は、自分たちや自分たちの生活に興味を持ってくれることを喜び歓迎するが、彼らが**話したくない**側面がある場合には、無理強いしてはならない。また、予想される研究成果（本、映画、美術館での展示、ウェブサイトなど）について必ず説明し、コミュニティのメンバーが期待するかもしれない報酬についても率直に話し合うようにしたい。

- **恐れずに自分の考えを述べなさい。**対決的な厄介者になる必要はないが、生身の人間は常に「善人」であるとは限らないことを忘れてはならない。時に同意できないこともあるが、誠意を持って率直に議論する者には敬意を示すことが多い。同様に、あなたとあなたの意見がコミュニティの中心的な話題になるほどに自分の意見を強く主張するのは、控えるべきである。

- **コミュニティの人々にとって大事な社会的慣習を理解し、敬意を払いなさい。**年齢、ジェンダー、人種から見てあなたに期待されていることを知り、それを踏まえて行動するようにしなさい。もしそうした期待が自尊心を傷つけ感情的に受け入れられないものである場合、唯一の理に適った対応は、研究を止め、簡単で丁寧ながらも明瞭な説明をして、

フィールドを去ることである。
- **参与観察の見込みについて、情報を提供しなさい。**どのくらいの期間、滞在する予定なのか。フィールドを去った後も接触を続けるのか。もしそうであれば、どのような方法によってか。
- フィールドサイトに家族を帯同する場合、あなたが自分の活動をしている間も、家族が仲間と気持ちよく関われるようにしなさい。
- 研究チームの一員として仕事をする場合、チームのメンバーのみと話をしないように注意しなさい。メンバー全員が、可能な限りホストコミュニティの一員になるよう、努力すべきである。

≡ キーポイント

- エスノグラフィーを用いた研究を始める前に、まず自分自身を知る。あなたはどのような人間なのか。どのような研究状況を快適に感じるのか。
- 研究対象とするコミュニティの規範に順応できるように、自分でコントロール可能な行動については調整する。ただし、自分ではコントロールできない要因（たとえばジェンダー、人種、年齢など）については、偏見があることも認識すること。
- 次のような研究サイトを選ぶ。
    - ✓ あなたが解明したい学問的な事象がかなり明瞭に見られるところ
    - ✓ 他の研究者によって研究されてきたサイトと比較可能であるが、研究されきってはいないところ
    - ✓ 「要許可」障害が最小なところ
    - ✓ コミュニティの役に立つよりも負担となることがないところ
- ラポールを形成し維持することは、参与観察を土台にするエスノグラフィーを実施する上での基本である。

さらに学ぶために

以下の文献は、フィールドサイトの選択とラポールの樹立について論じている。

Schensul, J. J. (1999) 'Building community research partnerships in the struggle against AIDS', *Health Education and Behavior*, 2 [special issue].

Wolcott, H. F. (1994) 'The elementary school principal: notes from a field study', in H. F. Wolcott (Ed.), *Transforming Qualitative Data*. Thousand Oaks, CA: Sage, pp.103-148.

Zinn, M. B. (1979) 'Insider field research in minority communities', *Social Problems*, 27: 209-219.

＊訳者補遺

ロフランド，J. & ロフランド，L.／進藤雄三・宝月誠（訳）『社会状況の分析：質的観察と分析の方法』恒星社厚生閣［特に「第一部：データの集め方」］

マクラウド，J.／南保輔（訳）(2007)『ぼくにだってできるさ：アメリカ低収入地区の社会不平等の再生産』北大路書房［特に「付録：本書が出来上がるまで」］

西川麦子 (2010)『フィールドワーク探求術：気づきのプロセス、伝えるチカラ』ミネルヴァ書房

4章　フィールドでのデータ収集

「事実」と「現実」
メモ：応用的エスノグラフィーについて
3つの主要な技法の領域
観察
インタビュー
文書研究

この章の目標
- 研究対象とするコミュニティに参与観察者として位置するエスノグラファーが使う、主要なデータ収集の技法を理解する。
- フィールドで収集したデータを効率よく記録し検索する方法を理解する。

エスノグラフィーによるフィールド研究プロジェクトに参与観察者として関わる際には、データ収集に使える技法について、十分に検討する必要がある。

　参与観察それ自体は、データ収集の技法ではなく、データ収集を容易にするためにエスノグラファーによって採用される役割であることを心に留めておくこと。

また、優れたエスノグラフィーは、トライアンギュレーション（triangulation）——結論を確かなものにするために多様なデータ収集の技法を使うこと——の結果であることも覚えておくことが大切である（トライアンギュレーション

方略の応用事例の論文集については、Scrimshaw & Gleason, 1992 を参照。Flick, 2007b も参照のこと)。それゆえに、以下に述べる技法は組み合わせて用いられ、1つの技法だけで生きたコミュニティの全体像を描くことはできない。

「事実」と「現実」

訓練を受けた生物学者は、顕微鏡で細胞を見て、細胞を構成する要素を正確に記述することができる。四六時中、多数の細胞を見ていると、どれが特定の植物や動物の細胞の本質的な特徴で、どれがたまたまの変異であるかを見極めることができる。また、訓練された生物学者であれば、誰でも同じ結論に辿り着くという前提もある。

エスノグラファーは、めったにそのような客観的な確実さを持って仕事をすることはできない。正確さを求めつつも、人間行動や価値や相互作用に関わる「事実(facts)」は、時にそれを見る人の見方に規定されたものであることを常に自覚していなければならない。故意であろうがなかろうが、それらは研究対象とする人々によって操作されていることがありえる。エスノグラファーとして見る「現実(reality)」は、常に条件つきのものであって、時を違えて同じ一連の「事実」を見た別のエスノグラファーも、まったく同じ結論に至ると期待することはできない。

学者の中には、(先に論じた「ポストモダニスト」のように)客観的な「事実」の収集によって社会的「現実」を「正確に」記述しようと努力することは、本質的に無駄であるとの立場に立つ者もいる。彼らは、現実についての言説は、誰が観察者か、結論がそのようなかたちになったのは観察者のどのようなバイアスによるものなのかを切り分けるために、常に「脱構築」されなければならないと主張する。他方で、社会は観察者と被観察者が相互作用しながら「現実」を作り出す一種の入念なゲームだと主張する学者もいる(客観的なルールに準拠しつつも、そのつど異なる試合が展開するフットボールの競技者のように)。したがって彼らの意図するところは、ある種の時間を超えた「現実」を描くことではなく、むしろ現実の特定の断片を時間を追って記録することである。彼らは予想される「試合」の結果よりも、「選手」が「試合」の中で自分の戦略を練るプロセスの分析に関心を持っているのである。

この節で述べることは、こうした理論的問題について特定の立場に立つものではない。エスノグラファーがデータを分析する際にどのような関心を持とうとも、自分の議論を最もよく支持するためには、系統的なやり方でデータ収集をすることが不可欠であるとの前提に立って筆を進めていく。

メモ：応用的エスノグラフィーについて

　研究者が自身のフィールドワークの結果を公共政策についての提言や研究対象とするコミュニティに奉仕する機関やエージェントの形成・維持に役立てたいと考えるのであれば、**応用的エスノグラフィー***を行っていることになる（この領域の全体的なレビューについては、Chambers, 2000 を参照）。前節で述べたように、多義性や欺瞞といった「ポストモダン的」可能性を考慮するアカデミックな研究者とは違って、応用的エスノグラファーは、相対的な確実性の立場から仕事を進めなければならない。要するに、明瞭に定義され、多かれ少なかれ客観的なデータを踏まえて物を言わなければ、提言に誰が関心を向けるだろうか。したがって、社会一般に実際上の貢献をする参与観察研究の可能性は、エスノグラファーが研究対象コミュニティで起きていることをきちんと知っていると、直接関係する人々に納得してもらえるか否かにかかっているのである。

　トリニダードでは、インド人コミュニティにおけるアルコール依存症に関する私の研究は、問題を抱えている人々が最寄りの AA グループを訪れるよう促す啓蒙教育キャンペーンに公的資金を使った方がよいという、政府の健康政策立案者に対する提案につながった。インド人の多くが病院ベースの施設に行ってもまったく治療に役立たないと見なしており、限りある公的資金を高額な医療費がかかる施設に使うのは浪費だったからである。当該コミュニティにとって、親族関係と地元の村をベースにした AA グループの方が、アルコール依存症からの回復を図る場としてずっと適していた。

　施設外治療研究では、私はデータを使って、社会復帰計画の一部に性役割訓練を含めるよう、プログラムマネージャーを説得することができた。クライエントたちは、性のメカニズム（基本的な解剖学的構造など）に関する情報を理解しそうもないので、それを重視するやり方に反対した。その代わりに、私は

関係性に焦点を当てた訓練を推奨し、知識を伝える講義ではなく、クライエントが実際に行動スタイルを試し、彼らが見たり参加したりして感じたことをコメントする「ロールプレイング」セッションの「クラス」を編成するよう勧めた。

3つの主要な技法の領域

以下に述べるように、エスノグラフィーを行う研究者が使用し得るデータ収集の技法は数多くあるが、いずれも大きく3つの主要な技法の領域のいずれかに分類できる。すべてのフィールドワーカーは、この3領域をレパートリーの一部としていなければならない。すなわち**観察***、**インタビュー***、**文書研究***である。

観　察

> 1. 観察とは、研究者の五感を通して、フィールドの人々の活動と相互作用を知覚する行為である。

観察は、研究者が研究対象とする人々とほとんど、もしくはまったく関わらないと見られることから、エスノグラフィーの技法の中でも最も客観的な技法とされている。しかしながら、われわれの五感は、絶対的に客観的ではないことを忘れてはならない。われわれは誰しも、フィルターを通して物事を知覚する傾向がある。このフィルターが研究方法（理論や分析枠組みなど）の本質的な一部であることもあれば、われわれが誰であるかということからもたらされる人工的産物、すなわち社会文化的背景、ジェンダー、年齢などに付着する先入観であることもある。有能なエスノグラファーは、**自文化中心主義***（自覚の有る無しにかかわらず、自文化のものの考え方ややり方が他のものよりも自然で好ましいという前提）と呼ばれる視点を構成するこれらの要因に自覚的であろうと——それゆえに脇に置こうと——努力する。

理想的には、研究者がフィールドに入った瞬間から、自分のあらゆる先入観を脇に置いて、物事を当たり前と見なさないようにして観察を始めることが望

ましい。よく言われるように、エスノグラファーは、その世界のすべてを新奇なものと感じる小さな子どものようになる。結果として、観察のプロセスは、できるだけ自分の解釈を入れずに、すべての物事を見て取り、可能な限り詳細に記録することから始まる。(たとえば、「その寺にいた人々は、宗教的なエクスタシーによって興奮状態にあった」と書くよりも、「その寺にいた人々は、太鼓のビートに合わせて歌い揺れていた」と観察するのがよい。) フィールドでの経験を重ねるにつれて、研究者は重要だと思われる問題がわかるようになり、それに焦点を当てるようになる一方で、重要性が低い物事についてはあまり注意を向けないようになっていく。エスノグラファーが**パターン**——研究対象とする人々の典型例と呼ばれるような反復して見られる行動や行為(単一でランダムにしか起きないものではなく)——を認識するようになることは、研究の成果として極めて重要である。

われわれは、誰もが自分の周囲の人々を観察・記述するための生まれながらの才を持っていると考えるかもしれない。しかし実際には、われわれが通常持っているものは、よく発達したふるい分けプロセスなのである。日常生活で何かしている場合、すべての物事に、ましてやよく知っていることにまで常時客観的な注意を払っていたら、単純に効率があがらないだろう。われわれは日常世界の中で、何かに焦点を当てることを学ぶのである。われわれが「見ない」ものは、必ずと言ってよいほど、われわれが見ようとするものよりもずっと多いのである。「目撃者」の証言が重んじられるが、実際のところ、われわれはほとんどの記述子[訳注4]を無視することに慣れているため、目撃者を信頼することは到底できないのである。つまりエスノグラフィーの観察では、自分の「生まれながらの」才だけに頼ることはできない。われわれは、努力して新奇な事態の詳細を確実かつ正確に見たり、あるいは(施設外治療研究の場合のように)馴染みのある状況を「異人」の目を通して見たりしなければならない。

観察技法の中には**非干渉的***(unobtrusive)なものもあり、研究対象者が観察されていることを知らない。「インフォームド・コンセント*」の手続き(後の章で議論する)を含む研究者倫理の最新の基準により、完全に非干渉的な観察ができる範囲が制限されつつある。しかしながら、観察者として紛れ込むこ

[訳注4] descriptor. 情報の類別・検察に用いる語句のこと。

4章 フィールドでのデータ収集

とができる公共の場での観察は、今も可能で（空港の待合室や運転免許試験場での着席行動のメモをとるなど）、観察対象者に自分の立場を説明したり観察の許可をとったりする必要がない。こうした空間での関わり合いに関する研究は、**近接学**＊[訳注5]として知られている。「ボディ・ランゲージ」に関する研究は、**身振り学**＊[訳注6]と呼ばれている（非干渉的な方法についてのさらなる議論は、Bernard, 1988, pp.290-316 を参照）。ただし研究者は、「公共的」空間であっても、プライバシーの問題に敏感でなければならない。空港の待合室では、それほど秘匿すべき事柄は起こりそうにない。公共トイレで空間使用に関わる観察を行うことは、間違いなく問題だろう。

　注意深くなされた空間使用行動や身振り行動の非干渉的な観察は、言語化されない文化的前提について多くのことを教えてくれる。トリニダードのインド人は、北米の人々に比べると私的空間に対する感覚が緩やかであった。伝統を大事にする人々の家には、居間と寝室を区切るドアや仕切りがなかった。他方で、対人空間は広く保たれていて、少なくとも公衆の面前では、抱き合ったり手を握ったりすることや他の方法で感情を表現することはほとんどなかった。「よい姿勢をとること」は大事なことで、「姿勢がだらしない」子どもはよく叱責された。たいていの場合、フォーマルな会話の距離が保たれた。インド人は、時折、非インド系のトリニダード人について、「いつでものしかかってくる」と軽蔑の気持ちを表した。

　精神遅滞のある成人は、アメリカ合衆国で期待される空間使用行動や身振り行動のニュアンスを習得していないようであった。実際に「遅滞」者を見極める最も重要な手がかりは、空間や身体言語の不適切な使用に関わるものであった。精神遅滞者は、過剰に接触したり抱き付いたりするなど、他者の「空間を侵害」するように見えた。その一方で、矛盾したことに、自分の個人空間については過敏であった。プログラムに参加していた男性の一人は、自分の部屋にいる時に——相部屋の自分の場所にいる時でも——予期せずして誰かが入室し

[訳注5]　proxemics. 近接空間論とも呼ばれる。空間のあり方が動物や人間の個体関係や相互作用に及ぼす影響を分析・研究する学問領域。縄張り行動、空間の分割と使い方、対人距離の認知とそれに応じた行動などの研究が含まれる。

[訳注6]　kinesics. 身振り、手振り、視線などの身体動作とその意味伝達機能を体系的に研究する学問領域。

たような場合、必死に自分の空間を守ろうとし、時に激怒することがあった。

他にも倫理的に弁護可能な非干渉的な研究が幾つかある。一例を挙げれば、**行動痕跡研究***は、考古学の発掘研究のようなものであるが、現代の人々について行う。よく知られている研究に「ごみ学」[訳注7]プロジェクトがある。人々の生活のしかたの手がかりを見つけるために、人々が捨てた物をふるい分ける研究である。このようなプロジェクトが本当に「非干渉的」なのかと疑問に感じるかもしれないが（私だったら、もし私が捨てたゴミを集めている研究者チームに気づいたら、何を捨てようかと注意深く考えるだろう）、対象者が自身が研究されていることを認識して研究を許可したとしても、研究者と対象者の間にそれ以上の相互作用は必要ない。

完全なる「非干渉的」な観察への倫理的な懸念から（場合によっては、最も害のないプロジェクトでさえも「人を欺いている」と見なされ得る）、エスノグラファーは、自分が参与者として認識されながら活動にも参加する場で行う観察（**参与観察**）に、より多く頼っている。しかし、研究の場での人々の行動が偶然と見えるやり方で展開するからといって（あるいはフィールド研究の初期段階では、「小さな子ども」である研究者にはそう映るかもしれないが）、観察プロセス自体が偶然の産物であってよいというわけではない。優れたエスノグラフィーの観察は、必然的にある程度構造化されたものになる。最低でも研究者は、よく組織化されたフィールドノーツをつける習慣を養うべきである。それには次の事柄が含まれる。

- 特定の場面についての記述（学校、自宅、教会、商店など）
- 研究参加者についての一覧（人数、一般的な特徴、たとえば年齢やジェンダーなど）
- 研究参加者についての記述（できるだけ客観的な形態で。「その男性は貧乏に見えた」ではなく、「その男性は破れた汚れたズボンをはいていた」というように）
- 出来事の年表
- 物理的な環境とそこにあるすべてのモノの記述（何事も当たり前と見な

[訳注7] garbology. ゴミとして廃棄されるものの分析による現代文化研究。

さずに、できるだけ詳細に書く）
- 行動と相互作用についての記述（解釈を避ける。特にビデオ録画機が使えない場合には、「その男は混乱しているように見えた」ではなく、「その男は涙を流し、握りこぶしで自分の頭を何度も叩いた」というように記述する）
- 会話や他の言語的相互作用の記録（特に録音できない場合や録音が望ましくない場合には、できるだけ逐語的に）

　複数メンバーがチームを組んで行うプロジェクトは、十分に注意深く標準化されたかたちで観察記録をとれるかどうかに成否がかかっている。たとえ自分一人の場合であっても、できるだけ細部まで正確にデータを記録するよう訓練すべきである。選定した各サイトの観察記録に同じ情報が含まれていればいるほど、データを引き出して比較する上で効率がよい。

　現代のトリニダード・インド人の生活の一要因としてのアルコール依存症に関する研究を進める中で、私は1960年代にアメリカ合衆国から島に導入されたAAの数多くの会合を観察することができた。構造化されたかたちでフィールドノーツをとることによって、次のような問いに難なく答えることができた。トリニダード・インド人がアルコール依存症を「克服する」平均年齢は何歳か（45～50歳）。話者に特定の順序があるか（ある。最初は禁酒期間が短い者が話をし、だんだん何年もの禁酒が記録されている者が話す。したがって彼らの「証言」はよりいっそうの厳粛さにつつまれる）。島のアルコール依存症患者はインド人だけか（他にもいるが、ごく稀な例外を除いて、AAの会合に出席するのは彼らだけである）。女性の役割は何か（軽食を提供するが話はしない）。厳密に言えば、私はアルコール依存症の克服者ではないから、AA会合の「参与」観察者ではなかった。しかし、私は克服者であるインフォーマントに連れられて初めての会合に出席し、彼が私をメンバー全体に紹介した。しばらくすると、私はそこで受け入れられた存在となった。

　精神遅滞を持つ成人に基礎スキルを教える教室では、私は（ボランティアのチューターとして）数年間、参与観察を行った。私は「参与」していたから、現場で詳細な観察メモをとる機会はほとんどなかったため、必要に迫られて、できるだけ観察のすぐ後にそれを再構成するスキルを身に付けた。構造化され

たフィールドノーツを継続して書いたことは、地元での他のプログラム(「二重の障害を持つ」患者ではなく精神遅滞者だけを対象にしたプログラム)や適用される法律や養護の基準が異なる他州のプログラムで観察を始めた時に大いに役立った。これらのすべての場で構造化された観察を行うことにより、さまざまな官僚システム(たとえば刑事司法、教育)からの要件といった患者のコントロールが及ばない要因によって生じる行動や相互作用を比較・対照することができた。

メモ:フィールドノーツについて

単独で研究をする場合でもチームの一員として研究をする場合でも、観察研究において構造化され組織化されたフィールドノーツを書くことの重要性は、強調してもしすぎることはない。フィールドノーツを書く上で、以下の諸点を心に留めておきたい。

- 全部の「カード」(あるいは、あなたにとって最も記録しやすい形式が何であっても)の冒頭に必ず観察の日付、場所、時間を書く。
- できるだけ逐語的に言語的やりとりを記録する。参加者が実際に語った言葉以上に、「その場にいる」感覚を伝えるものはない。
- 匿名性と秘密保持のために、対象者を同定するのに仮名やコードを使う。フィールドノーツを見る資格がない人が、いつデータを盗み見するかわからないからである。ただし、私自身の苦い経験を踏まえると、その人の特徴を再構成できないような複雑でわかりにくいコードシステムにしない方がよい。
- 順序立てて出来事を記録する。研究者の中には、記録した行為を後で正確に順番づけできるように、記録用紙を時間や分で区切るのがよいという者もいる(直接ラップトップ・コンピューターに入力する場合も同様である)。
- 人々やモノについてのすべての記述を客観的なレベルで行う。見た目のみに基づいた推測は避けること(観察研究の理論、方法、倫理的な諸問題に関するもっと包括的な検討については、Adler & Adler, 1994; Angrosino & Mays de Pérez, 2000 を参照)。

インタビュー

> 2. インタビューとは、情報を収集するために会話を方向づけるプロセスである。

　観察研究の大きな特徴は、これまで何回も述べてきたように、解釈や推測を避けつつ、同時に自分自身の先入観を脇に置いて、記述的な方法によって詳細をできるだけ客観的に記録することである。エスノグラファーは、最終的には、観察した行動に意味あるパターンを認識したり推察したりするに至る。しかし、この時、次に必然的に問うべきは、その行動が実際には何を意味するのかということである。この点について、研究対象とするコミュニティや集団内の知識豊かな人々に訊くことから始める必要がある。このように、インタビューは、論理的に観察から生まれるのである。

　観察すること自体は、誰もが日常生活でやっていることであるが、研究ツールとして有効なものにするためには、意識を高めて、細部に気づき、注意深く構造化・組織化されたデータを記録することが要求される。同様に、インタビューも詰まるところ、日常会話の一種であり、誰しもがやっていることのように見える。さらにテレビでよく「インタビュー」を見るが、苦労せずにやっているように見える。では、なぜエスノグラフィーに典型的な深くオープンエンドなインタビューが、「技術的に最も難しく、同時に最も創造に富む面白いデータ収集の形態」と呼ばれるのであろうか。(これは広く使われている、複数巻から成る包括的なテキスト Ethnographer's Toolkit でスティーブン・シェンサルたちがとっている立場である。) エスノグラフィーのインタビューは、友人と通常の会話をする以上のものであることは明らかである。また、幾つかの点で、インタビューアーと有名人が、多少とも事前に決められた台本に従って話をして、一定の時間枠に収まるように編集されるテレビのインタビューとも異なる。

　エスノグラフィーのインタビューは、エスノグラファーが回答者の生活の場であるコミュニティで参与観察をするうちに友人になった者同士で行われるという意味では、確かに会話である。その意味では、ニュースレポーターが「情報源」から情報を引き出そうとして行うインタビューとは異なる。また、容疑

者に厳しく尋問する警察官、目撃者に審問する弁護士、患者から病歴を聞き取る医療専門家とも同じではない。しかし他方で、強制的になったりいらいらしたりせずに特定の事柄を見出す必要があるし、会話が軌道から外れないように注意しなければならないため、エスノグラフィーのインタビューは、通常の友人間の会話の特徴を越えたものでなければならない。

つまりエスノグラフィーのインタビューは、典型的に、**オープンエンドの性質**を持つ。インタビューは会話形式で進められ、軌道から外れないように調整されるが、研究者が当初想定していなかった新たな質問にも開かれている。その意味では、インタビューが進む中で、研究者が質問を展開させていくのを知識を持った内部者が助ける協同作業なのである。

また、エスノグラフィーのインタビューは、**深く掘り下げて**行われる。単に一斉に行うサーベイ研究の質問紙の口述版ではないのである。そうしたものとは違って、意味を探り、ニュアンスを探究し、問題の表層を示すだけの質問では見落とされがちな曖昧な部分を捉えるために行われる。

最大限の成果を引き出せるインタビューをするためには、インタビューアーは当該トピックについて既に知っていることを再確認し、さらに知りたいことについての全般的な質問を練るなどの準備をする必要がある。こうした質問は、サーベイの項目のようなチェックリストに固定化せずに、会話の重要な点へのガイドとして役立つようにすべきである。インタビューは（サーベイ研究の質問紙一式のようには）構造化されていないが、決して無計画なものではない。新たな出会いを誘発するオープンエンド形式の質問に加えて、生産的なインタビューを行うための**探索的質問**もいろいろとある。以下に、役立ちそうな探索的質問の例を示す。

- 中立的な返事（「そうですね、わかりました …」）
- 正確に理解したということを明確にするための質問として、相手の発話を繰り返す。（「聖堂にもっと近くなるように、あなたのご家族は、村のその場所に家を建てたのですね。」）
- さらなる情報を求める。（「なぜあなたのお兄さんは、もっと勉強するためにイギリスへ行く必要があると考えたのですか。」）
- 矛盾していると思われる点を明確にするために質問する。（「1925 年生ま

れだと言われましたが、あなたは最後の契約労働移民船の到着について述べられました［到着は 1917 年］…」）
- 意見を求める。（「十代の娘さんがデートに行くことについて述べられましたが、あなたは今日の若者のそうした行為について、どのようにお考えになりますか。」）
- 言葉の意味を明確にするための質問をする。（「あなたは道ばたで"ライムってた"とおっしゃいました。正確にはどういう意味でしょうか。」［たいていは酒を飲んで仲間たちとダラダラ過ごすこと］）あるいは、複雑なプロセスについて質問をする。（「サトウキビから蒸留酒を精製する手順について、もう一度教えてください。」）
- 内部者が日常世界をどうカテゴリー化し組織化しているかを理解するために物の名前を挙げてもらう。（「『ラム・ショップ』では、ラム酒の他にどのような酒が売られているのですか。」）
- **経験**についての語り ── 一般的見地を例証する具体的な逸話を求める。（あなたは「酒で『気晴らししている』男の子たちについて述べられました。**あなたはどんな時に『気晴らししている』と感じましたか。**」）

インタビューをうまく進めるためにこれらの積極的な手順が使えるが、これの補足として、**インタビューアーのバイアス**につながらないよう回避すべきことがある。以下は、**やってはいけない**例である。

- 誘導尋問をする。（「深酒をした時にしでかしたことを、恥ずかしいと思っているのではありませんか。」）
- インタビューイーが自分にとって重要な新しい話題を持ち出した時に無視する。
- 話を切り替えたり中断したりする。
- インタビューイーの非言語的な手がかりを無視する（退屈や怒りのサインなど）。
- インビューイーにこちらが望む返答を言わせるような質問をする。（「AA は、トリニダードのアルコール依存症に多大な貢献をしたと思われませんか。」）

- インタビューイーが「正しい」返答をしたことを示すために、非言語的な手がかりを使う。（大きく頷く、身を乗り出して握手をするなど。）

インタビューの流れを維持するためのこれらの特別なテクニックに加えて、インタビューを行う際の「エチケット」として大事なことがある。

- 相手の語りに言葉を差し挟みすぎないようにする。手引きの中には、自分の意見をまったく差し挟まないよう助言しているものもあるが、私はそこまでの必要はないと思う。インタビューアーも自分の意見を持つ生身の人間であり、まるで無表情な壁であるかのように振る舞うなら、インタビューの相手に良い印象を与えないだろう。しかし、インタビューを、自分の考えを説いたり、インタビュー対象者の考えを批評したりけなしたりするための討論の場として使うべきではない。
- ほどよいアイコンタクトを維持する。とは言っても、インタビューの間中、相手を見つめるということではない。そんなことをすれば、あなたはインタビューイーに変人と思われるに違いない。「正常な」アイコンタクトには、時々、視線を外すことも含まれる。しかし、いつまでも宙を見つめていたり、テープレコーダーを丹念に調べたり、一心不乱にメモをとったり、コンピューターに入力したりするなどは、避けるべきである。
- 望ましくない非言語的手がかりに注意し、これを回避する。（嫌気や不承認を示す表情をしたり、話している相手から離れるよう椅子を移動させたりするなど。）
- 緊張をほぐすためのお喋りの時間をとる。いきなりインタビューに入ると、警察の尋問のようなセッションになりがちである。「世間話」での話題は、路線から外れているように見えても、（インタビューの相手や時間的余裕に応じて長い短いはあっても）お互いを知るための時間を持つこと。実際、参与観察研究では、路線からまったく外れているものなど何もないのである。空間使用や身振りの重要な手がかりは、人々の価値観や態度に関わる手がかりと同様に、身構えない会話の時に現れやすい。会話がくつろいだ感じになっても、完全にインタビュー外とはなり得な

いのである。
- 歓待された場合には応じる。エスノグラフィーのインタビューは、家やレストラン、人々が普段会って話をする場所で行われることが多く（無菌の実験室、立派なオフィス、静かな図書館などでは行われない）、食べやすいスナックのようなものであれば一緒に軽食をとるのはごく自然なことである。手の込んだたくさんの食事が出てくるような場合には、インタビューは延期した方がよい。
- インタビュー対象者の状態に気を配る。いくら目論見通りに進めたいと思っても、健康状態が悪い人や上の空の人に無理強いしてはならない。
- **事前準備をすること！**　インタビューを開始する時点では、人々やその生活について深い理解に達していないとしても、まったく何も知らなくてよいわけではない。あなたが観察していて、尋ねたいと思うこと——さらに追究し明確にしたい出来事や行動、語られた見解——があるはずである。この時点までに、コミュニティ内の集団の歴史に関わることや主な社会的制度に関わることは、把握しておくべきである。少なくともコミュニティ内の人物や人間関係を大まかに知っておく必要がある。
- インタビューを個人的なものにする。写真やスクラップブック、思い出の品を見せてくれるように頼む。それは個人的なコメントを引き出すことにつながる。それらの品をコピーしたりじっくり見たりするために、借りられるかどうか訊くのもよいだろう。もし借用した場合には、借りた時と同じ状態で速やかに返却すべきである。（特に歴史的・文化的価値のある品物の場合には、博物館や図書館、他の公共施設に寄付する可能性について話し合ってもよいかもしれない。）

特殊なインタビューのタイプ

　以上に述べたエスノグラフィーのインタビューに関する一般的な解説は、たいていの場合に用いることができるが、特殊なインタビュー法が役立つ場合もある。
　家系インタビュー＊（genealogical interview）は、人類学者（や都市化されていない地域の人々の生活に関心を持つ社会科学者）の中心的な伝統的手法である。というのは、親族関係——家族と婚姻の絆——は、しばしば「前近代の」

コミュニティが組織される中心的な方法だったからである。家系に関する組織的なデータ収集は、当該コミュニティにおける人間関係のパターンに関する情報を取り出すのに使用できる。また、(財産の保有を含む) 世襲、結婚、居住のルールに関する研究、さらには移民パターンや宗教的慣行に関わる研究にも応用できる。

親族関係は、かつて小規模な村落社会に見られたほどには、現代の都市コミュニティでは中心的なものではなくなっている。しかし、移動の増加にもかかわらず、この「結びつける絆」は弱まってもなくなってもいない。「血縁」と結婚は、もはや地球上に人々の場所を決めるものではないかもしれないが、互いの関係を確立し維持する方法は、定義可能なパターンや期待によって支配されており、ランダムでも無秩序でもない。そこで、伝統的な家系的方法は、**ソーシャルネットワーク分析**へと進化した。この分析は、広く分岐したリンクを整理するための洗練されたコンピューター・モデルに依拠しつつ、(地理的に広範囲に分散した「離散」インド人のように) 拡大した状況における人々の結合を跡づける。こうした研究では、分析自体は複雑なテクノロジーを使って行う必要があるが、データ収集は何十年も前の家系研究を特徴づける古い様式のエスノグラフィーの方法 ── 人々に関係を尋ねる方法 ── が使われている。

家系インタビューの方法を使うことで、私はトリニダードＡＡにおける資金援助のパターンが、親族の系譜を通してのものであることを確認することができた。男たちの飲み相手は親しい親類であることが多く (特に父方の従兄弟たち)、その中の誰かが禁酒すると決断すると、その人はグループの誰かの支援者になろうとした。実際に地域のＡＡグループは、かつて親族をベースにした「飲み仲間」のメンバーで構成されていた。

精神遅滞の成人から家系に関する情報を引き出すのは大変難しかったが、少しずつ集めた情報から、親族との強いネットワークを持つ者は、親類とのつながりがなく見捨てられたと感じている者よりも、多くの場合、社会復帰訓練をやり遂げられることがわかった。断言できないものの、そうした洞察は、後に家族との絆の強さと社会復帰プログラムの完遂との関係を確認あるいは反証するためのより構造化された研究の土台となった。

オーラルヒストリー*は、生きられた経験を通して過去を再構築するための研究領域である。政治的・経済的な権力者は、しばしば重大な出来事について

の自叙伝を綴るが、普通の人々は、自らの物語を語る機会はほとんどない。それゆえにオーラルヒストリーは、かつて周辺に追いやられた声なき人々（女性、マイノリティ集団の人々、貧困者、障碍者、異なる性的志向を持つ人々など）が自らの物語を記録に残す道を提供する。オーラルヒストリーのインタビューアーは、（地方、地域、国内、国際的にかかわらず）何がしか重要な出来事を生きた人々をできるだけ多く集めて、彼らが個人的な物語を語る機会を与える。つまり、それらが合わさって、その出来事を表すモザイクとなる。それは公的な歴史書に記されたものとは異なる描写を提供し、公的な描写をより広い視野の下に置くのを助けてくれるだろう。

　オーラルヒストリー・インタビューの１つの変形が、**ライフヒストリー**として知られる研究である。オーラルヒストリーでは、特定の出来事を複合的に再構築することに狙いがあるが、ライフヒストリーは特定の個人の生活の小宇宙を通して過去を知ろうとする。研究者の理論的傾向に依拠して、その人は（自身のライフヒストリーが記録されないすべての人々を代弁する）コミュニティの「典型的な」あるいは「代表的な」メンバーであったり、（その集団の価値や野心を代表する）「非凡な」人であったりする。

　オーラルヒストリーやライフヒストリーの研究によって収集され拡張されたナラティヴの分析は、テーマやパターンの抽出ができるように設計されたコンピューター用ソフトの発展に、かなり助けられるようになってきた。しかし、ソーシャルネットワーク研究と同様に、分析技術がどんなに洗練されても、データの生成は、本質的に、伝統的なエスノグラフィーのインタビューの産物なのである。

　反アルコールの文化的伝統をもつにもかかわらず、トリニダードのインド人がなぜ、どのようにしてアルコール依存症になったのかについての私の理解は、研究に着手した当時、40代から50代だった男性たちから得たライフヒストリーによって得られた。彼らはトリニダードがアメリカ軍の空軍基地として使用された第二次世界大戦当時のことを覚えていた。トリニダードはそれほど戦火が激しくなく、若い空軍兵士たちは時間を持て余していて、熱帯の島の官能的な楽しみに時間を費やしていた。アメリカの影響を強く受けた消費主義的・快楽主義的な「ラム酒とコカ・コーラ」の文化を持ち込んだのは彼らであった。同世代の若いインド人は、植民地主義的なプランテーション制度は終わったと

見て、熱心に空軍基地の仕事を探した。そして、アメリカ人の中で仕事をするうちに、彼らのライフスタイルにも染まったのである。飲酒はもはやタブーではなく、新たな経済力を持った若いインド人の生活の一部になっていった。

また、ライフヒストリーは、施設を出た精神遅滞者の経験を研究する際の基礎を形作った。私の狙いは、複雑なハイテク世界で精神的な障害を持つとはどのようなことかを理解することにあったため、精神遅滞と診断された人々がどのように生活上の挑戦に立ち向かったかを理解するのが最善であった。障害の詳細に焦点を当てる臨床面接とは違って、ライフヒストリー・インタビューは、これまでの経験の中で当人にとって何が重要であったかを語ってもらう機会となる。こうして私は、性的関心と真の成人同士の関係の発達に対する非常に強い関心を見出すことができたのだった。

既に述べたように、古典的なエスノグラフィーのインタビューは本質的にオープンエンドであるが、事前に準備した「関心領域」に関係する質問を行う**半構造化インタビュー***を行うことも可能である（「この村で人々が生計を立てる方法は何ですか」「精神遅滞の成人が施設外で生活することを可能にするコミュニティを基盤にしたプログラムには、どのようなものがありますか」など）。総体的質問によって大まかに描いた輪郭の中を比較的自由に歩き回ることのできるオープンエンド形式のインタビューとは違って、半構造化インタビューでは、特定のトピックに関する情報を引き出すために、事前に準備された質問から離れないようにする。オープンエンド形式のインタビューでは、脱線や新たな方向性は極めて重要であるが、半構造化インタビューの計画では組み入れない。半構造化インタビューは、それ以前のより会話に近い形式で把握した問題を追跡し明瞭にするために、自ずからオープンエンド形式のインタビューから生まれてくるのである。

半構造化インタビューは、一般的な要因を測定可能な変数にするために使うこともでき、それを作業仮説にもっていき、さらにはフォーマルな**エスノグラフィー・サーベイ***（比較的多数のインフォーマントから量的なデータを得るためのクローズドエンド形式の方法）の土台とすることもできる。量的研究のメカニズムについては、本シリーズのフリック（Flick, 2007a, 2007b）の巻で扱われている。ここで心に留めてほしい重要な点は、エスノグラフィーでは、量的データによって検証可能な仮説を持つ大規模なサーベイは、それ以前のオープ

ンエンドな観察やインタビューから生まれるのであって、独立した方法ではないということである。量的研究の威力は、それを肉づけする質的データの価値に依存するのである（インタビューの詳細については、Kvale, 2007 を参照）。

メモ：サンプリングについて

純粋な量的研究では、サンプルとする対象者の規模を決める公認された規準があるが、エスノグラフィーでは、「どれだけの数［インタビューすべき人数や観察すべき出来事の数］」の問題は、一概に決められない。明確でも決定的なものでもないが、最もよい答えは、次のようなものである。

> サンプルのサイズは、研究しようとするグループの特徴、研究者自身の資源（時間・移動・装備へのアクセスなど）、研究の目的に依存する。

これが一般的ルールではあるが、特に考慮に入れるべき点が幾つかある。研究対象とする集団が非同質的な要素で構成されているなら、それがサンプルに反映されているべきである。もし人々にかなりの多様性が見られるようであれば、当該集団内の多様な要素を十分に概観するために、多くのインタビューや観察をする必要があるだろう。もし同質的な集団であるならば、一人の事例研究でも適切な「サンプル」となるだろう。しかし実際には、たいていのコミュニティには多かれ少なかれ多様性が見られることから、その多様性の範囲を認識して、それを反映させたインタビューや観察を行うべきである。

メモ：インタビューデータの記録について

インタビューデータは、一般的には録音される。オーラル／ライフヒストリーの場合、録音は人々が語ったことを正確に保存する方法であり、実際に語られたことを再現するために必須である。しかしながら、録音には相応の機器（録音機、外付けマイク、空のテープやメモリ、電池や電気コンセントなど）を必要とするが、常に入手したり持ち歩いたりできるとは限らない。今日では目立たない良質の録音機をそれほど高額ではない値段で買うことができるが、良質の製品が必要な場合には（録音した音声を後世のために保存するなど）、それだけ価格は高くなる。さらに録音は一連のプロセスの始まりにすぎず、録音へ

のインデックス付けが必要であるし、たいていの場合、情報を効果的に引き出せるようにするために逐語録作りもしなければならない。逐語録の作成は、時間のかかる単調な作業であり、平均的な研究者は、適切に作業する時間もスキルもないだろう。他方で、プロによる逐語録作成サービスを使うと、予算を上回る代金を請求されることがある。

　エスノグラファーは、多様な社会的相互作用を記憶するために、ますますビデオを使うようになっているが、インタビューをドキュメンタリー映画や視聴覚的な報告書として使う計画がある場合や会話を非言語的観点から分析することに特に関心を持っている場合を除くと、標準的なインタビューの記録方法にはなっていない。ビデオ機器は確かに容易に手に入り必ずしも高価ではないが、録音に比べると逐語録作成のプロセスはずっと難しい。さらに、ビデオで録画したインタビューは、参加者の秘密保持に関して重大な問題となる。

　専門の速記者でなければ ── そのような専門職は減りつつあるが ── インタビューの内容を正確に書き留めるのは、ほとんど不可能である。そのような技能に長けていたとしても、研究者がインタビュー対象者とアイコンタクトをせずに、尋常ならざる時間をメモ用紙を見ることに費やすような技法に頼るのは推奨できない。たいていのエスノグラフィーのインタビューでは、時々メモを書き留めるのがよく、完璧な記録を書くことは不可能であるし、望ましくもない。

　つまり多かれ少なかれ、録音は、インタビューの実施とそれに続くインタビューデータの再現や分析にとって、最も有効な補助であり続けている。（エスノグラフィーのインタビューに関する理論と方法についての広範な解説としては、Schensul et al., 1999, pp.121-200 を参照。）

文書研究

> 3. 文書研究とは、研究や官公庁業務、その他の公式・非公式な目的のために蓄積された資料の分析である。

　個人も集団も、自分たちの歴史・業績や将来計画に関わる材料を収集する傾向がある。時にはその材料はかなり組織だっている（監督官庁の会議の議事録、

系図作りに熱心な者によって愛情込めて保管された家族の写真アルバム、新聞の過去の記事など)。しかし、たいていは偶然に保存されたものであるため、保存状態もよくないことが多い。エスノグラファーがなすべきことは、そのような情報源を見つけ、(今は組織されていないが、かつてあったであろうイベントなどの) 意味をくみとり、今後の研究者のために保存する手助けをすることである。

保管書庫にある資料には、官僚的・行政的な目的のために収集されたものもある。これらは**一次資料**として知られるが、それには次のようなものがある。

- 地図
- 出生・死亡・結婚の記録、不動産の取引記録
- 国勢調査、税、選挙名簿
- 特定目的のためのサーベイ
- 社会福祉機関の記録
- 裁判所の公判記録
- 会議の議事録

たとえこれらの資料がよくまとめられていて、よい状態で保存されていたとしても、研究者と同一の目的で収集されたものではないことに注意すべきである。研究者は、それらの資料に自分が必要とするストーリーを語らしめるために、資料に分け入らなければならない。

文書データのもう1つの重要な形式は、他の研究者の研究に由来する**二次(的) データ**である。一例を挙げれば、私の前年にトリニダードでフィールドワークをした同僚は、ある遺伝病の伝播に関する研究のために、家系についての膨大な情報を集めていた。私は遺伝学に興味はなかったが、親切にも彼女が貸してくれたデータを、浮上してきた親族関係と AA の支援についての疑問を解明するために使うことができた。多くの研究プロジェクトの成果は、コンピューターのデータベース上で抜刷りとしてカタログ化されており、利用することができる。Human Relations Area Files (略称 HRAF [フラーフ])[訳注8]は、交差文化的な情報源として最もよく知られたものであろう。

文書研究は、エスノグラフィーにおいて単独で用いられることは稀であるが、

現場でのフィールドワークができない場合には、それだけで立派な研究の基礎になり得る。しかし、必ずと言っていいほど、文書資料の評価と解釈は、研究者が研究対象とするコミュニティでの直接的な経験を持っていて、当該コミュニティの人々とのインタビューを通して文書資料からの解釈をチェックできる場合に、うまくいくのである。

　文書研究には、幾つかの利点がある。

- 通常、反応を引き起こさない。研究者は情報提供者と直接やりとりをしないから、研究者が人々の反応に影響を与えることはない。
- たいていの場合、それほど費用がかからない。
- 時間の経過に伴う出来事や行動の変化を研究することに関心がある場合には、特に重要である。
- 直接観察したり質問したりするには微妙で危険を伴うトピックを研究する場合にも、価値がある。

　他方で、文書資料を使うエスノグラファーは、幾つかの潜在的な問題があることも自覚すべきである。

- 文書データは、バイアスがかかっていないとは限らない。誰が収集したのか。何のために収集したのか。収集プロセスで（意図的にせよそうでないにせよ）何が省かれたのか。たとえ偶然収集されたものであっても、編集による選択プロセスの結果なのである。それゆえに、後でやってくる研究者は、何のバイアスもない「純粋な」情報を扱っているわけではない。
- コンピューター上のデータベースであっても、間違いがないわけではない。そもそも情報が注意深く入力されたからといって、正確であることを保証するものではない。

［訳注8］　G. P. マードックらによって開発・研究された人類学のファイル資料。世界中の多様な民族の社会・文化に関する文献が、独自の分類方法で整理・分析されている。(http://www.minpaku.ac.jp/research/sharing/library/search/hraf) 2015.8.6 閲覧。

- 文書データを扱う際の物理的・作業遂行上の問題があるかもしれない。文書データは、不便で物理的環境がよくない（埃っぽくて汚い、ネズミや吸い殻がはびこっている）場所に保管されているかもしれない。

以上のような但し書きがありながらも、文書データは非常に豊かな資源であり、無視することはできない。（Berg, 2004, pp.209-232 は、エスノグラフィーにおける文書資料の使用に関する優れた概観である。）

> 要するに、優れたエスノグラフィーは、観察、インタビュー、文書から収集した複合的な資料に支えられている。

キーポイント

- 優れたエスノグラフィーは、トライアンギュレーション ── 結論を強固なものにするための多角的なデータ収集技法の使用 ── の産物である。
- エスノグラフィー・データの収集技法は、3つの主要領域からなる。
  - ✓ 観察
  - ✓ インタビュー
  - ✓ 文書資料の分析
- 観察は、研究者の五感を通して、フィールドの人々の活動や相互作用を感受する行為である。次のものを必要とする。
  - ✓ 客観的な記録
  - ✓ パターンの探求
- 観察の技法は、次のような特徴を持つ。
  - ✓ 非干渉的である（近接学、身振り学、行動追跡学の研究など）
  - ✓ 参与を基本とする
- インタビューは、情報が集められるように会話を方向づけるプロセスである。エスノグラフィーで使われるインタビューには、複数の種類がある。
  - ✓ 深く聞き取るオープンエンド形式のインタビュー
  - ✓ 半構造化インタビュー（量的なサーベイ研究に寄与する）
  - ✓ 特殊なタイプ

⇒ 家系インタビューやネットワーク分析インタビュー
　　　⇒ オーラルヒストリーやライフヒストリー
- 文書研究は、研究や官公庁業務、その他の公式・非公式な目的のために蓄積されてきた資料の分析である。文書データには、一次資料と二次資料がある。

さらに学ぶために

次の文献は、この章で述べてきた重要な方法について、より詳しく知ることができる。

Adler, P. A. & Adler, P. (1994) 'Observational techniques', in N. K. Denzin & Y. S. Lincoln (eds.), *Handbook of Qualitative Research* (2nd ed.). Thousand Oaks, CA: Sage, pp.377-392.

Angrosino, M. V. & A. Mays de Pérez (2000) 'Rethinking observation: From method to context', in N. K. Denzin & Y. S. Lincoln (eds.), *Handbook of Qualitative Research* (2nd ed.). Thousand Oaks, CA: Sage, pp.673-702.

Flick, U. (2007a) *Designing Qualitative Research* (Book 1 of The SAGE Qualitative Research Kit). London: Sage.［フリック／鈴木聡志（訳）(2016)『質的研究のデザイン』（SAGE 質的研究キット 1）新曜社］

Kvale, S. (2007) *Doing Interviews* (Book 2 of The SAGE Qualitative Research Kit). London: Sage.［クヴァール／能智正博・徳田治子（訳）(2016)『質的研究のための「インター・ビュー」』（SAGE 質的研究キット 2）新曜社］

Schensul, S. L., Schensul, J. J. & LeCompte, M. D. (1999) *Essential Ethnographic Methods: Observations, Interviews, and Questionnaires* (Vol.II of J. J. Schensul, S. L. Schensul & M. LeCompte, (eds.), *Ethnographer's Toolkit*.) Walnut Creek, CA: AltaMira.

＊訳者補遺

日本文化人類学会（監修）鏡味治也・関根康正・橋本和也・森山 工（編）(2011)『フィールドワーカーズ・ハンドブック』世界思想社

柴山真琴 (2006)『子どもエスノグラフィー入門：技法の基礎から活用まで』新曜社

山中速人（編）(2002)『マルチメディアでフィールドワーク』有斐閣

5章　観察について

観察の定義
観察研究のタイプ
観察研究の課題
観察研究のプロセス
妥当性の問題
観察者のバイアス
公共の場所での観察
倫理と観察研究

この章の目標

- 観察技法に関する概念と手続きについて理解する。
- 前章で述べたエスノグラフィーの技法の1つである観察について、さらに理解を深める。

観察の定義

　エスノグラフィーは、観察、インタビュー、文書研究を思慮深く融合させたものであることを見てきた。インタビューと文書研究については、本シリーズの他の巻で詳しく扱うため（Kvale, 2007; Rapley, 2007 を参照）、本章では観察について、参与と非参与の両面から詳しく取り上げる。
　社会調査において観察が重要な役割を持つことについては、ずっと以前から認識されていた。実際に、周囲の世界を観察するわれわれ人間の能力は、物事

についての常識的な判断を下すための基盤を形成している。周囲の環境について知っていることの多くは、生まれてこのかたの観察に由来するものである。しかしながら、研究における観察は、日常的な観察よりももっと組織的で、一定の手続きを踏んだプロセスである。エスノグラフィーは、多くの場合、人々の行動や社会的組織体の特徴に関する理論的問いに答えようとする意図のもとで、人々や状況を規則的・反復的に観察することに基礎を置いている。

観察を研究ツールの1つとして位置づける上で、次の簡潔な辞書的定義が役立つだろう。

> 観察とは、科学的な目的のために、たいていは道具を使用して、現象について書き留め、記録する行為である。

この定義には、何かを書き留める時にはすべての感覚を総動員させることが含意されている。日常的な観察は、視覚に限定されることが多いが、優れたエスノグラファーは、全感覚からの情報に注意を向けなければならない。

観察研究のタイプ

研究ツールとしての観察は、当初は「反応を引き起こさない」とされていたが、実際には観察対象とする人々やモノとのある程度の接触を前提としている。エスノグラフィーの観察は、（臨床場面でなされる観察とは反対に）フィールドで、自然状況下で行われる。このため観察者は、程度の差こそあれ、観察中の場面に関与することになる。

この関与の程度の問題は、エスノグラファーがとる**役割**の種類に関わっている。研究者役割の古典的な分類は、ゴールド（Gold, 1958）によるもので、4つのカテゴリーに分類されている。

- **完全な観察者**の役割では、エスノグラファーは研究対象とする場面と自分をできるだけ切り離そうとする。観察者は見られも気づかれもしない。このような役割は、客観性の理想を体現するものと見なされてきたが、そういう役割をとること自体が、対象者をだまし倫理的な問題を引

き起こすことにつながりかねず、それは今日の研究者は回避すべく努めることであるため、ほとんど好まれない。それにもかかわらず、カーヒル（Cahill, 1985）による公衆トイレでの相互作用秩序に関する研究のように、興味深く価値のある研究例が産出され続けている。この研究では、ルーティンのトイレ行動に焦点が当てられている。9ヵ月以上にわたって、カーヒルと5人の学生助手が、ショッピングモール、大学構内の学生センター、レストラン、バーのトイレ内での行動を観察した。

- **参与者としての観察者**の役割は、たいていはインタビューやその他の研究の文脈を設定するために、短期間の観察を行う研究者に見られる。研究者は人々に知られ認識されているが、もっぱら研究者として研究の「対象者」に関わる。例として、フォックス（Fox, 2001）は、刑務所内で暴力犯の「認知的自己変容」を支援するグループの観察を行った。フォックスの研究目的は、その集団のファシリテータとメンバーだけでなく、州の矯正局にも説明され承諾された。彼女は「他の参加者とやりとりはあったものの、ほとんどの時間は静かにメモをとった」と言っている。

- **観察者としての参与者**である研究者は、研究対象とする集団の生活の中にさらに入り込み、人々とかなり関わる。研究者は、ニュートラルな研究者というよりは、友人に近い。しかし、研究者であるということはしっかり認識されている。一例を挙げると、アンダーソン（Anderson, 1990）とその妻は、14年間にわたって夏の間、2つの隣接したコミュニティで過ごした。1つは低所得層の黒人コミュニティで、もう1つは人種的には黒人も白人も両方いるが、中間所得層から高所得層の白人が増加しつつあるコミュニティであった。この調査の間、彼は2つのコミュニティの路上における、黒人青年たちの交流について研究した。黒人青年は自らの地位に起因するステレオタイプに気づいており、彼らを危険な人物と見なす他の人々からの（避けられた）扱われ方に憤りを感じていた。しかし場合によっては、機会に乗じて、そう見なされている通りの人物を演じることができた。

- しかしながら、研究者が**完全な参与者**である場合は、おそらく研究の目的をまったく知られることがないほどに、その場面の中に完全に溶け込

む。伝統的な人類学の立場では、このスタンスは幾分軽蔑的なニュアンスで「ネイティブになる」と言われてきた。他方で、「土着民によるフィールドワーク」を展開すること、すなわち、研究対象とする文化のメンバー自身によって研究を行うことに対しても、かなりの支持がある（de Matta, 1994 で詳細に議論されている）。文化の「ネイティブ」であれば、観察する人々とより強固なラポールが形成できると想定されることがあるが、必ずしもそうではなく、完全に「融合する」ことは研究を遂行する研究者の能力を致命的なまでに損なうこともある。連続体の両極——研究者が完全に関与するか、その場面から完全に距離を置くか——で、対象をだますという実践に関わる倫理的な問題が起こるというのは、興味深いパラドクスである。結果として、第二・第三の役割のどこかに自分を位置づけるエスノグラファーが多い。

この２つの関わりの形態に焦点が当てられていることから、今日、解説者たちが、役割について**メンバーシップ**という言葉で議論する傾向があることも、驚くにあたらない（Adler & Adler, 1994 参照）。

- **周辺的**なメンバーシップの立場をとる研究者は、研究対象とする人々に密接に関わって観察し、インサイダーとしてのアイデンティティを確立するが、集団のメンバーシップの核となる活動には参与しない。たとえば、大都会の路上ドラッグ文化を研究する研究者は、自身はドラッグを使ったり売ったりしないことを理解してもらった上で、顔見知りの信頼できる人物として、彼らとの関係を構築する必要がある（Bourgois, 1995 などを参照）。
- 対照的に、**積極的**なメンバーシップ役割を採用する者は、当該集団の中核的な活動に従事するが、ただし、集団の価値・目標・態度への関与は控える。たとえば、人類学者のクリストファー・トゥミィ（Toumey, 1994）は、天地創造説の信奉者集団の研究をした。彼は会合にすべて参加し、彼らの家庭でも自由に付き合ったが、人類学者として、進化論に関する彼らの哲学的立場に賛同し得ないことを明確にしていた。
- 一方、**完全な**メンバーシップをとる研究者は、自身が積極的な活動メン

バーとして従事している場面を研究する。彼らはまた、しばしば当該集団の立場の支持者でもある。たとえば、ケン・プラマー（Plummer, 2005）は、ゲイであることを公言し、彼の母国である英国のホモセクシャルに関する法改革運動に関わるようになり、1960年代末にロンドンのゲイ・シーンの研究を始めたいきさつについて考察している。

研究者がこれらのメンバーシップのうちの1つを採用するエスノグラフィーは、「参与観察」と呼ぶことができるが、これは「研究場面で参加者の日々の活動やルーティンに晒されたり巻き込まれたりしながら学習するプロセス」なのである（Schensul et al., 1999, p.91）。しかしながら、参与観察を研究の技法と考えるべきではない。むしろ参与観察は、フィールドでデータを収集しやすくする「方略」なのである（Bernard, 1988, p.150）。参与観察という用語は、研究者の役割（何らかの参与者）と実際のデータ収集の技法（観察）との組み合わせである。もちろん研究者は、研究中のコミュニティに参与する間に他のデータ収集の技法（サーベイ・文書研究・インタビュー）も使うが、これらの技法を使って他の調査をする場合にも、人々や出来事の注意深い観察者であることが前提となっている。

観察研究の課題

観察の技法は、次のような事柄を扱う研究に適している。

- 特定の場面（ショッピングモール、教会、学校）
- 単一の行為よりも複雑で長期にわたる一連の活動として定義される出来事。それらは特定の場所で起こり、明確な目的や意味を持ち、1人以上の人が関わり、はっきりとした歴史を持ち、ある程度の規則性を持って反復される。アメリカ合衆国における大統領選挙は、この意味での「出来事」の一例である。
- 人口学的な要因（住居・建物の材質、室内水洗トイレの有無、破損していない窓の有無とその数、生ごみ処理の方法、合法的・非合法的な電力源といった社会経済的差異の指標など）

観察者の役目を果たすためには —— 研究する人々と最小限の相互作用しか持たない場合であっても —— 以下の資質が必要である。

- **言語スキル**（研究対象となっている人々が使う言語があなた自身の言語ではない場所で研究する場合には、明らかな必要条件である。テクニカルな意味では同じ言語を話しても、内集団だけに通用する独自のスラングやジャーゴン（仲間言葉）を持ち、集団が異なれば身振りや姿勢に付与する意味が異なるというのも、また確かである。）
- **自覚的な意識化**（人々のルーティンの観察からは篩い落とされてしまう、ありふれた細部に意識的になる。）
- **良好な記憶力**（常にその場で観察したことを記録できるとは限らないため。）
- **洗練されたナイーブさ**（明らかなことや当然視されていることであっても尋ねることを恐れないなど。）
- **書くスキル**（最終的に、ほとんどの観察データはナラティヴの文脈の中に位置づけられてはじめて有効になるため。）

観察研究のプロセス

「観察」は、単一の行為であることは稀である。むしろ実際的な定義に内在する規則性や正確さに向けて、一歩一歩進んでいくプロセスである。

- このプロセスの最初の一歩は、**サイト選び**である。特定のサイトが選ばれるのは、理論的な問いに答えるため、現在の問題関心が何らかのかたちでみられるため、単に便利だからといった理由によるかもしれない。サイトがどのような理由で選ばれるにせよ、研究者にとって次のことが必須である。
- コミュニティへの**参入**を果たす。外部者に開放的なコミュニティもあれば、それほど親切ではないところもある。あまり歓迎されない場所で研究をする必要がある場合には、さらなる準備が必要である。公式（警

察・政治家など)・非公式な（尊敬されている長老など）**ゲートキーパー***に接触して、彼らの許可と支援を取り付けなければならない。

- ひとたびサイトにアクセスしたら、個人で研究をする場合には、すぐに観察を始めてもよい。ただしチームで観察する場合には、チームの誰もが適切なやり方で自分に課された仕事ができるようにするために、訓練の時間が必要である。通訳やコミュニティに住む他者の援助が必要な状況で研究をする場合には、研究の目的や進め方を理解してもらう時間が必要になるだろう。また、サイトに馴れる時間も必要になるかもしれない。その場所と自文化との間の違いが大きければ大きいほど、新奇さと馴染みのなさに圧倒されてしまったと感じ、**カルチャー・ショック**に苦しみやすくなる。しかし、馴染みのある環境で研究をする場合であっても、それ以前に経験した役割とはまったく異なる研究者という役割でその場所と関わるという点で、「ショック」を経験するかもしれない。

- 観察が始まると、研究者は一切合切をメモしなければならないと感じるだろう。何が大事で何が重要でないかは、観察を繰り返した後に（そしてコミュニティのメンバーにいろいろ聞いた後に）ようやく理解できるようになる。いずれにせよ、観察した事柄を検索しやすいように記録することが重要である。普遍的に公認された観察記録フォーマットはない。かなり構造化されたチェックリストやマス目、表などを好む研究者もいれば、自由形式のナラティヴを好む者もいる。コンピューターのソフトウェア・プログラムに直接入力するのを好む者もいれば、ノートブックやインデックスカードなどの手書きの手段を使いたがる者もいる（現場の状況によってはそうせざるを得ない）。最低限の基準は、個々の研究者が収集したデータを検索・分析するのを助けるベストな方法であることであるが、この基準は研究者によって違うだろう。もちろん、グループでのプロジェクトの場合、チームのあるメンバーにとっては、選ばれた特定の方法が第一選択肢ではないとしても、情報の記録方法を統一する必要がある。

- 研究が進むにつれて、次第に観察を通して**パターン**が識別されてくるが、それらはさらなる観察や別の研究方法によって追究すべき、次の問いをもたらす。人類学者のジェイムズ・スプラッドリー（Spradley, 1980）は、

こうした観察の諸段階を「漏斗」と呼んだが、観察のプロセスは、研究者の関心を、理論的・経験的レベルにおいて本質的なものとして立ち現れてきた当該場面の要素へと狭めていき、そこへと向かわせるからである。
- 観察は、**理論的飽和**が達成される時点まで続く。理論的飽和とは、新しい知見の全体的な特徴が、一貫してそれ以前の知見を繰り返していることを意味する。

妥当性の問題

　量的な研究者は、データの**妥当性**（validity）と**信頼性**（reliability）を統計的な手法によって論証することができる。「信頼性」とは、観察したことが偶然の結果ではなく、どの程度、一般的なパターンに合致しているかの指標を言う。「妥当性」とは、観察したことが、観察で示そうとしたことをどの程度、実際に示しているかの指標を言う。質的な研究を行うエスノグラファーは、自分が行っていることのほとんどは、結局のところ真に再現可能ではないと認識しているため、通常、信頼性には関心がない。別言すれば、ある研究者があるコミュニティをある時点で観察したことと、別の研究者が同じコミュニティを違う時点で観察したこととがまったく同じであるとは考えていないのである。これに対して、顕微鏡下で細胞のプロセスを観察する生物学者は、誰がいつ観察しようが、標準的な結果に行きつくはずである。

　それにもかかわらず、観察を基本とする研究者が科学的な信頼性の基準に何かしら近づく方法は幾つかある。たとえば、組織的観察（データの記録と分析に標準化された技法を使うなど）を行い、時間の経過に伴って規則的な反復が観察され、ほぼ類似の結果が得られるならば、信頼できると見なし得る。しかしながら、観察研究において科学的信頼性に近づくという期待は、社会科学は科学の一部門であって、人間行動は「法則的」かつ規則的で客観的に記述・分析できるという見解を示している。もちろんそのような立場は、前の章で議論したポストモダニズムの諸派から見れば不適切である。

　他方で、ポストモダニストであっても、妥当性には関心を持たざるを得ない。観察が信用に値するという根拠がなければ、その研究は意味がないからである。

妥当性の問題は、質的研究一般に付きまとう問題であるが、観察を基本とする研究では特に問題となる。観察は、主観的な解釈というバイアスに影響されやすい。コミュニティの人々の直接的な引用が可能なインタビューを基本とする研究とは違って、観察によって発見されたものを「確かめる」ことはまずできない。それにもかかわらず、観察研究者が研究仲間に仕事の正当性を示し得る方法がある。（一般の読者に対してそうする必要はなく、自分が確かに「そこ」にいたこと、自分がフィールドで発見したことを根拠にして語れば十分である。）最も一般的に妥当性を担保するために、以下の方法が採用される。

- **複数の観察者**あるいはチームで観察することがよく推奨される（Flick, 2007b も参照）。特に観察者が多様な立場（ジェンダー、年齢、民族的背景など）を持っているとよい。そのようなチームでは、不正確さを見つけ排除するために、互いの発見をチェックし合うことができる。もちろん、チームの他のメンバーが発見したものと一致しない発見をした観察者が、必ずしも「間違っている」わけではない。実際には唯一正しいかもしれない。しかしながら、一匹狼的な観察者の発見が何か重要なものを含んでいるのではないかと疑うだけの十分な理由がない場合には、グループのコンセンサスをとるのが一般的である。
- **分析的帰納法**（analytic induction）の方法論を使うことも可能である（Flick, 2007b も参照）。これは、浮上しつつある主張（観察データに見られるパターンを記述した調査結果）の反証となるケースを探すことによって検証することを言う。目標は、その主張が普遍的であると見なせる（あるいは幾つかの理論学派の言葉で言えば「データに根差している」）と主張できるようにすることにある。
- 結果を書き上げる際には、観察を基本とする研究者は**迫真性／本当らしさ***（verisimilitude）（フランスの学派から英語に導入された用語）の技法を使うことが推奨される。これは、理解したという印象を引き起こすために、読者を研究対象の世界に誘うような書き方のスタイルで、（抽象的な「事実と人物」ではなく）豊かな記述的言語を用いる。また、迫真性は、記述が一貫していて矛盾がなく、もっともと思え、読者が自分の経験やそれ以前に読んだり聞いたりした他の物事に照らして承認でき

5章　観察について ｜ 79

る時にもたらされる。こうした目標が達成された仕事は、読者の目に**真正性がある**（authentic）と映る。換言すれば、科学的「データ」以上に、エスノグラフィーの観察は、ある種の首尾一貫したナラティヴとして表現された時に、「妥当なもの」となるのである。

　サール（Seale, 1999）は、量的ではない文脈で生み出された研究知見の質を保証する基準の問題全般について、集中的に研究し整理している。グバとリンカン（Guba & Lincoln, 2005, pp.205-209）も、質的研究における妥当性の問題に関する簡潔な文献展望と哲学的な省察を行っている。マイルズとヒューバーマン（Miles & Huberman, 1994, pp.278-280）は、観察や他のエスノグラフィーの情報収集方法を含めて、質的研究者がデータを収集する方法について精査し、研究の結論の質を判断する上で役立つ実践的な「指針」を引き出している（注意深く「規則」ではないと述べている）。指針は、次の5つの基本的カテゴリーに分けられる。

- **客観性／確認可能性**（objectivity/confirmability）（あるいは「外的信頼性（external reliability）」）。結論が研究者のバイアスを含むことなく、収集された情報に基づいている程度。
- **信頼性／信用性／監査可能性**（reliability/dependability/auditability）。研究のプロセスが研究の期間中および複数の研究者間・方法間で一貫かつ安定している程度。
- **内的妥当性／正当性／真正性**（internal validity/credibility/authenticity）（あるいは「真理値（truth value）」）。研究の結論が納得できる程度。結論が研究対象者にとっても報告書の読者にとっても正当なものであるか、そして、観察されたものが何であれ、最終的な成果がその真正な記録であるか。
- **外的妥当性／転移可能性／適合性**（external validity/transferability/fittingness）。研究の結論が研究そのものを越えた問題にも適切である程度。（すなわち、研究で見出されたことを他の文脈でも一般化し得るか。）
- **利用／応用／行為への志向**（utilization/application/action orientation）（研究の「実際的妥当性（pragmatic validity）」）。プログラムや行為が研

究の成果を踏まえている程度、また、倫理的な問題に適切に対処している程度（より一般的な質的研究の基準については、Flick, 2007b を参照）。

観察者のバイアス

　一般にエスノグラファー、特に観察を基本とする研究者は、その仕事が主観的だとしばしば批判される。最も非干渉的であると思われる方法でなされた観察でも、意図せざる「観察者効果」——自分が観察されていると知ることで、人々が自分の行動を変える傾向——が生じ得る。現代の観察者の多くは、観察者効果の残滓をすべて回避するよう推奨することはないだろう。と言うのも、そうするためには「完全な観察者」という隠密の役割戦術に戻るしかないが、それは倫理に抵触する可能性があると広く批判されてきたからである。そうは言っても、たいていの観察研究に付随して生じるバイアスを最小限にする方法がある。

- 観察者は、（たとえばインタビューアーとは違って）人々にいつもと違うことをするよう要請することはほとんどないため、この観察の**自然さ**がバイアスをある程度防ぐと言えるだろう。次第に観察者の存在は注目すべき問題ではなくなり、人々は単に自分の仕事をやるだけとなる。
- 観察研究は、創造への大きな可能性を秘めているという意味で**創発的**（emergent）である。観察をする研究者は、そうと決めれば前もって決めたカテゴリーを控えることができるし、観察のどの時点でも追究する問いを変えることができる。フィールドでの経験の結果として、「現実」が明確に焦点づけられてくるにつれて、観察は新たな洞察をもたらす可能性を秘めている。
- 観察研究は、他の情報収集の技法とうまく組み合わせて使える。たとえば、実験室実験や臨床実験では、自然な場面や物事が生起する文脈が欠如している。すなわち「データ」は自己完結的で、「関係のない」変数はすべて厳密に排除される。しかし、フィールドに根差したエスノグラフィーが、自己完結的な「実験」としてなされることはほとんどない。むしろ観察は、人々に生きられた生活から生まれるものであり、観察で

見出されたものは、インタビューや文書研究などの別の方法で得られた情報と常に相互に照合される。一般的にエスノグラフィーにとって本質的と見なされるこの**トライアンギュレーション**のプロセスは、「純粋な」観察から得られた結果に起因するバイアスに対するよい防御策となる。

公共の場所での観察

　観察研究の中で最も特徴的な応用例の1つは、公共の場所で行われる観察である。実際にこうした場の性質として、インタビューを設定するのも難しく、また流動的で多種多様な人々から成る、明確に定義できない集団に関する文書資料も十分にはないことから、多くの場合、観察が好んで使われる技法となる。アーヴィング・ゴフマンなど伝統的な公共の場所での研究は、それと悟られない「完全な外部者」役割で行われた。もはやこれは唯一のやり方というわけではなくなったが、公共の場所は、観察研究にとって典型的な「フィールド」であり続けている。

　公共の場所は、その境界がかなり明確な場合（空港の待合室やショッピングモールなど）もあれば、そうでない場合（せわしないダウンタウンの通りなど）もあるが、いずれも道徳的秩序、対人関係、見知らぬ人を含む多様なカテゴリーの人々とやりとりする際の規範などを研究する文脈を提供してくれる。都市の公共の場所は、密集した雑多な――危険でさえある――社会の縮図であり、理想的な研究の場となり得る。都市社会に住む人々は、かなりの時間を公共の場所で過ごすと思われ、かつては私的に行っていたこと（電話でのお喋りなど）が、今日では普通に公共の場所で行われるようになった。中心的な活動が閉ざされた扉の内側――言うならば、観察者が直接接近できない私的な場所――で今も行われるのは、主に比較的小規模な伝統的社会である。こうした事情から、公共の場所での観察研究をすることで、研究者は大きな集団についてのデータを集めることができ、集団行動のパターンを取り出すことができる。

　現代の都市では、社会生活における匿名性と疎外感によって、人々は大きな公的文脈の中に孤立した私的な場所を作り出していると言えるかもしれない。混み合ったエレベーターに乗り合わせた人々でさえ、他者に触れたいとは思わないとのメッセージを発しつつ身を固くするだろう。それにもかかわらず、こ

の狭い保護空間を離れてより大きな公共の場所に出る時、人々は、対応すべき多様な社会的タイプに関する十分な知識を持ってやっていかなければならない。別言すれば、見知らぬ人の行為への対応のしかたを知っていなければならないのである。伝統的な社会では、見知らぬ人の考えを「見抜く」方法はないのだから、決して信用できないと考えられていた。しかし、ほとんど誰もが見知らぬ人である都市社会では、誰も彼をも巨大な未知集団として扱えば、機能不全に陥る。そこでわれわれは、人々をカテゴリーやタイプに分けることを学び、そのタイプを代表する人を個人的には知らなくても、タイプに応じて反応しているのである。もちろんこのような対応は、必然的にステレオタイプにつながり、時には不幸な結果を招くこともある。しかし、これは潜在的な危険と隣り合わせの環境と交渉するための、ほとんどの人の折り合いのつけ方なのである。

　おそらく公共の場所での観察研究の最も有名な ── 悪名の高い ── 例は、公衆トイレで、対象者には知らせずに、隠れた参与者としての観察者役割を採用したハンフリーズ（Humphreys, 1975）の研究だろう。彼の意図は、固定関係のない男性同性愛者たちを観察することであった。高度に構造化されたデータ記録法を使って、男たちは、こうした場において可能な複数の役割、すなわち待ちんぼ、覗き、自慰者、挿入役、被挿入役のうちの1つを選んでいると結論づけた。また、彼は、当事者の特徴や一時的パートナーとの関係、さらには潜在的な危険性を持つ部外者についても、詳細に記録した。ハンフリーズの研究が出版された当時は、その刺激的な性質に眉をひそめられたが、観察研究の倫理における実例教材であり続けており、われわれもこれを例に使って考えてみよう。

倫理と観察研究

　エスノグラフィーに適用される一般的な研究倫理の問題については8章で扱うが、観察に焦点を当てたこの章で特に扱っておくべき点が幾つかある。
　観察研究は、比較的非干渉的であるという性質を持つため、研究者と「対象者」との間の好ましからぬ出会いの機会が低減される一方で、まさしくこの性質のゆえに、プライバシーの侵害というかたちでの誤用にもつながる。たとえ公共的な性質の場所（公衆トイレなど）であっても、私的な使用のために作ら

れた場所に入ったり、公共の場所内に形成された私的なゾーンに侵入したりすれば（混み合った昼食のカウンターで隣席になった人の私的な会話を盗み聞きするなど）、プライバシーの侵害となりかねない。また、研究者があたかも観察したい集団のメンバーであるかのように装う場合にも、倫理的問題が生じる。そういう場合でも、その集団が自身のアイデンティティに対して防衛的でなければ、必ずしも重大な問題にはならない（しかし、それでも倫理を侵害している）。たとえば、研究者が空港の待合室を観察するために荷物を持った乗客のふりをすることは、誰かの人格に危害を加えるものではないだろう。しかしながら、その集団が社会から白眼視されるアイデンティティを持つ場合、あるいは犯罪活動や他者から見れば逸脱と見られる活動をしている場合には、内部者を装うことは他者のプライバシーを重大に侵害する可能性が高い。

　研究者の中には、プライバシー非侵害のルールに従うならば、取り扱いが難しい——しかし社会的に重要な——主題（性など）を研究テーマから自動的に排除することになるのではないかとして、このルールを全面的に適用することに疑問を呈する人たちもいる。一般的な回答は、扱い難い主題を研究することはタブーではない——しかし、対象者の許可を得ずに行うことは倫理的に間違っている、というものである。いずれにせよ、今日では、以下の点が一般に合意されている。

- 参与の資格がない私的な領域に参入するために、研究者が意図的に自分が何者であるかを偽ることは、倫理に反する。
- 研究者が行っている研究の性格を意図的に曲げて伝えることは、倫理に反する。（これらの原則についての解説は、Erikson, 1967 を参照。）

　これらの省察に立って、ハンフリーズの研究に戻ってみよう。彼の本が出版された当時、その主題ゆえに非常に大きな論争を巻き起こした。それは当時の社会調査ではまだ一般的なものではなく、一般大衆は性的に刺激的なものと見なした。しかし、批判は最初、観察者としてのハンフリーズの振る舞いには向けられなかった。むしろ、彼がトイレを越えて研究を続けたやり方に、批判が集中したのだった。彼が注意深く集めたデータの中には、トイレで観察した男たちの車のナンバープレートもあった。観察をした後に、彼は車のナンバーを

使って対象者の多くを追跡し、インタビューを設定した。彼は自分の外見を変え、公的な健康調査の一環であると装った。彼は、以前にこっそり会ったことがあるとは明かさなかったのである。彼は人口動態学的な —— 対象者に害のない —— データを集めただけであり、彼らの性生活の詳細を詮索してはいないが、不法な活動に関与している男たちをより大きな人口動態学的文脈と関係づけることができたという事実、および対象者の許可は言うまでもなく、対象者に知られることなくそれができたという事実が、極めて憂慮すべき問題だと見なされたのだった。

　彼の研究のこの側面を吟味するには、最初の観察研究に立ち戻らざるを得ない。トイレでは、ハンフリーズは、自身で異性愛者／見物人、「待ちんぼ」を含む幾つかの役割を試した。どのふりをしても、必要な観察ができなかった。そこで彼は、「ウォッチクイーン」、つまり張り番の役割をとることにした。このように装うことで、彼は他の男たちから信用されるようになったが、他の男たちは、彼の目的は自分たちの行動を注意深く観察することであり、ときたま危険を知らせるだけだということに気づいていなかった。「ウォッチクイーン」として、ハンフリーズは価値あるメンバーとして認められながらも、周囲で行われている性的活動には加わらないでいることができた。ハンフリーズに対する批判では、観察のために意図的にメンバーであると見せかけた点が倫理的でないと指摘された。さらに、研究される人々の権利よりも、研究者としての欲求を優先させたことも問題とされた。彼は、自分の研究が自分が管理し得ない方法で公開された場合に、どのような結果をもたらすかについて、十分な注意を払わなかった。警察が彼の研究を見つけて、研究対象とした男たちに罰金を科すためにフィールドノーツの提出を命じる可能性を考慮することさえしなかった。

　ハンフリーズの例は、おそらく極端なものであろう。観察者の多くは、このような道徳的に危険なゾーンには立ち入らないし、もし入る場合には、今では法律で義務づけられている倫理的な予防措置によって事前に武装するだろう（このような対策に関する詳細については、8章を参照）。しかし、状況が公衆トイレほどの論争を巻き起こすものではないにせよ、観察がひそかに行われ研究者が自分が何者であるかを偽る場合には、倫理的な問題が生じることを肝に銘じておくことが重要である。

要するに、「研究者役割に潜在する利点と生じ得る危害を考量する場合には、操作からの自由という対象者の権利に配慮しなければならないことを研究者は肝に銘じる」（Adler & Adler, 1994, p.389）ということである。

≡ キーポイント

- 観察とは、科学的な目的のために、たいていは何らかの道具を使って、現象について書き留め、記録する行為である。
- 研究で観察の技法を使うエスノグラファーは、完全な観察者から完全な参与者までの間の役割を採用するが、たいていはこの両極の間に位置づけられる参与役割ないしはメンバーシップ役割を選ぶ。
- 観察研究は、単一の行為ではなく、次のことを含んで展開するプロセスである。
  - ✓ サイトの選定
  - ✓ コミュニティへの参入
  - ✓ 必要な場合には、共同研究者や現地の参与者の訓練
  - ✓ 記録とり
    - ⇒ 構造的
    - ⇒ ナラティヴ
  - ✓ パターンの識別
  - ✓ 理論的飽和、すなわち新たな知見の全体的特徴が、一貫してそれ以前の知見の繰り返しである状態の達成
- 観察研究における**信頼性**とは、データを組織的に記録・分析しているか、時間経過の中で、観察を規則的に繰り返し行っているかどうかの問題である。
- 観察研究における**妥当性**とは、発見の真正性を決める手法である。以下のものによって、妥当性を担保することができる。
  - ✓ 多角的な観察
  - ✓ 分析的帰納法
  - ✓ 迫真性
- 観察者のバイアスは、観察研究が次のような場合に低減する。
  - ✓ 自然である

- ✓ 創発的である
- ✓ 他の技法と組み合わされている
- 公共の場所で行われる観察は、対象者のプライバシーの権利を侵すおそれがあるために、厳格な倫理的監視を必要とする。
  - ✓ 参与の資格がない私的な領域に参入するために、研究者が意図的に自分が何者であるかを偽ることは倫理に反する。
  - ✓ 研究者が行っている研究の性格を意図的に曲げて伝えることは、倫理に反する。

さらに学ぶために

以下の文献には、本章で述べたことが詳述されている。

Bernard, H. R. (1988) *Research Methods in Cultural Anthropology*. Newbury Park, CA: Sage.

Flick, U. (2007b) *Managing Quality in Qualitative Research* (Book 8 of The SAGE Qualitative Research Kit). London: Sage.［フリック／上淵寿（訳）(2017)『質的研究の「質」管理』（SAGE 質的研究キット8）新曜社］

Schensul, S. L., Schensul, J. J. & LeCompte, M. D. (1999) *Essential Ethnographic Methods: Observations, Interviews, and Questionnaires* (Vol. II of J.J. Schensul, S.L. Schensul & M.D. LeCompte, (eds.), Ethnographer's Toolkit). Walnut Creek, CA: AltaMira.

Spradley, J. P. (1980) *Participant Observation*. New York: Holt, Rinehart & Winston.

＊訳者補遺

エマーソン, R., フレッツ, R., & ショウ, L.／佐藤郁哉・好井裕明・山田富秋（訳）(1998)『方法としてのフィールドノート：現地取材から物語(ストーリー)作成まで』新曜社

フリック, U.／小田博志ほか（訳）(2002)『質的研究入門：〈人間の科学〉のための方法論』春秋社［特に「第Ⅳ部：視覚データ」］

箕浦康子（編）(1999)『フィールドワークの技法と実際：マイクロ・エスノグラフィー入門』ミネルヴァ書房

スプラッドリー, J. P.／田中美恵子・麻原きよみ（監訳）(2010)『参加観察法入門』医学書院

6章　エスノグラフィー・データの分析

パターン
データ分析のプロセス
メモ：エスノグラフィー・データの分析におけるコンピューターの使用について

この章の目標
- エスノグラフィーで収集したデータを使って、パターンを組織的に探究する方法に馴染む。
- これらのパターンを説明する方法と、それらをさらなる研究の基盤として使う方法を知る。

　これまでの章で述べた多様なデータ収集の技法を単独あるいは（できれば）組み合わせて使った後に、研究者は膨大な量の情報をどう処理するかという問題に直面する。データの中には数量的なもの（フォーマルなエスノグラフィー・サーベイの結果など）もあるが、大部分はナラティヴの形態（深く掘り下げたインタビューや構造化された観察を書き留めたフィールドノーツなど）であろう。世間一般の通念がどうであろうと、**事実が自ら語ることはない**。数量的なデータですら、解釈される必要がある。これらの情報全体から何らかの意味を引き出すためには、収集したデータを**分析する**必要がある。それゆえに、データを分析する方法を併せ考えることなしには、エスノグラフィーのデータ収集方法について語ることはできないのである。

　データ分析には、2つの主要な形態がある。

- **記述的分析***とは、データの流れを捉え、それを構成要素に分解するプロセスである。別言すれば、データからどのようなパターン、規則性、テーマが立ち現れるか、ということである。
- **理論的分析***とは、これらの構成要素がいかに整合的に組み合わさっているかを理解するプロセスである。換言すれば、データに見られるパターンの存在をいかに説明し得るか、認識された規則性をどう説明し得るか、ということである。

パターン

パターンをどう見出したらよいだろうか。基本的には、真のパターンとは、その集団のメンバーに共有されたパターン（**実際の行動**）、および（もしくは）その集団内で正当で適切で望ましいと考えられているパターン（**理想的な行動**）である。以下のステップを踏むことで、パターンの理解を組織化することができる。

- 研究対象とするコミュニティの誰かが語った1つひとつの発言を検討する。それは（a）日常会話の中で他者に向けられたものか、（b）インタビューの中であなたによって引き出されたものか。
- 上記の2つについて、その発言は（a）自発的なものか、それとも（b）あなたに何らかの方法で方向づけられたものかを検討する。
- 観察した1つひとつの活動について検討する。それは（a）あなたと1対1でいる時に起きたものか、それとも（b）あなたが集団の中にいる時に起きたものか。
- 上記の2つについて、（a）当該の個人あるいは集団が自発的に行為したのか、それとも（b）あなたから何かしら促されて行為したのかを検討する。

一般的には、公的な発言や行為は、私的に表出されたものよりも、当該集団の理想的な行動を反映していることが多い。コミュニティの人々が自発的に

語った発言や自ら行った活動は、研究者に促されて生じたものよりも、共有されたパターンの要素である可能性が高い。

　フィールドでエスノグラフィー研究を行う場合、研究のプロセスにおける全要素を統制することはできないことを常に忘れてはならない。われわれは、生きられている日常を捕捉しようとしているのであり、それゆえに外部者であるわれわれにとって意味があると思う物事が、研究対象とするコミュニティで暮らす人々にとっても同じように意味があるとは限らないということに——その逆についても——自覚的でなければならない。社会科学者（特に人類学者）は、意味に関するこの２つの視点を**イーミック***（emic）と**エティック***（etic）と呼んでいる。これらの用語は言語学に由来するが、音素的（phon**emic**）分析が、当該言語の母語話者にとって意味のある音の境界を画定することであるのに対して、音声的（phon**etic**）分析では、意味の比較検討のためにすべての音が国際的なコードシステムに変換される。単純化して言えば、社会・文化に関するデータに対する「イーミック」な視点とは、パターン、テーマ、規則性をコミュニティに住む人々に認識されているように見ることであり、「エティック」の視点とは、現場で起きている物事を他のフィールドと比較することに関心のある研究者の視点（実際に他の多くのコミュニティで直接フィールドワークを実施しなくても、少なくとも文献で読んでいるはずである）から見ることである。

　フィールドに根差した研究者は、**妥当性を絶えずチェックする**ことを心掛けるが、それは、基本的にイーミックとエティックの視点の間を往復することである。既に述べた他のプロセスと同様に、持続的な妥当性のチェックは、かなり直接的で直観的な活動であると言える。そのコツは、他の場合と同じく、組織的なやり方で行うよう学ぶことである。このプロセスには、幾つかの重要な要素がある。

- コミュニティについてよく知っているインフォーマントたちがあなたに語った事柄に見られる一貫性と非一貫性を探す。自分たちにとって重要な問題について、なぜ同一コミュニティに住む人々の意見が一致しないのかを探っていく。
- もし可能であれば、コミュニティの人々が行動や出来事について語ることのうち、別の証拠（新聞の解説、同一あるいはよく似たコミュニティで

フィールドワークをした他の研究者の報告書など）と異なっているものをチェックする。たとえ人々が言っていることが事実として「間違って」いても、彼らの見解が不適切であるということではない、ということを忘れてはならない。なぜ「誤った」見解に固執するのかを調べるようにする。
- 「反証」に対して開かれている。もしあなたが形成しつつあるエティックな視点に合致しないような事例が出てきた場合には、なぜその矛盾が生じるのかを調べる。それは当該コミュニティの文化内の変異にすぎないのか。コミュニティについてのあなたの知識が欠如していることを反映しているのか。イーミックな視点においても突出した例外なのか（Flick, 2007b を参照）。
- 現れてきたパターンに対して、別の説明を試みる。すべてのデータを手に入れる前に、たった1つの分析枠組みに固執しないようにする。

データ分析のプロセス

　フィールドで収集したデータの分析方略として、どのエスノグラファーにも受け入れられているやり方はない（Gibbs, 2007 を参照）。実際、研究者の中には、データ分析（量的データを除く）は、特定のプロジェクトのニーズに沿うように、必然的に「あつらえ」なければならないとする者もいる。そのためエスノグラフィー・データの分析は、科学というよりも芸術のように見られがちで、確かにエスノグラファーは「ソフトな」科学者（分析において厳密ではなく、直観的で印象に基づいている）として非難されてきた。しかし、データへのアプローチのしかたには、最初そう思えるよりもずっと規則性があり、大部分の分析プロセスに幾つかの重要なポイントが見出せる。それらは、分析で使うことのできる枠組みの輪郭として捉えることができるだろう。しかしながら、この枠組みにおける「ステップ」は、厳密な順番に従って起こる必要はない。それは研究のプロセスで同時に起こったり、繰り返し起こったりすることもある。

- **データ管理**。既に述べたように、明確に組織化されたフィールドノーツ

を保存することが重要である。近年では、コンピューター上のファイル形式でフィールドノーツを保管するのが便利だと言うエスノグラファーが多い。しかし、紙のファイル・フォルダーやインデックスカードを使うローテクなフィールドワーカーも依然として見られる（フィールドでコンピューターが使えない事情による場合もあれば、単に習慣や好みによる場合もある）。私は個人的には、カテゴリー別に分類するルーズリーフ式のノートブックを好んで使っているが、フィールドノーツを1つにまとめておけ、必要に応じて移動もできる。何か1つの方法が他の方法よりもよいということはない。つまり、どのようなやり方を好むかで決めてよいのである。最も重要なことは、ファイリングの形式がどうであれ、ファイルしたデータを見つけて取り出せることである（この点についてのさらなる議論は、Gibbs, 2007 を参照）。

- **全体的な読み込み**。本格的な分析に着手する前に、フィールドノーツ全体を読むのはよい考えである。初期の頃に集めたデータについては、その詳細を忘れていることがあるが、全体的な読み込みをすることで記憶が活性化される。また、自分が今では知っていると思っていることは何かを省み、さらに理解したい事柄は何かを問う刺激となる。
- **カテゴリーの明確化**。まずフィールドノーツに書かれたことの**記述**（description）から始める。次にフィールドノーツの分類に移り、ナラティヴ形式で書かれた上述の記述を分解して、そこからカテゴリーないしテーマを見出す。時に、研究中のトピックに関する先行研究のレビューに基づいて、テーマを見出せることもある。しかし、あなたの研究に関係する「文献」には、よく似たコミュニティのエスノグラフィーに加えて、理論的分析や方法論的吟味も含まれていることを忘れてはならない。また、事前に予想されるテーマを持たずに、データの読みからテーマを立ち上げる方法もある。いずれの場合も、6つ以下のテーマで始めるようにする。テーマが多すぎると、どの出来事にもそれ独自のカテゴリーがあり、まとめることができない。テーマが少なすぎると、区別されるべき陳述や行動を1つにしてしまう危険性がある。もちろん分析のプロセスで自由にテーマに基づいてカテゴリーを再構成することができるが、予備段階では、分析に着手するための何らかのカテゴリーが

必要である。

　トリニダード研究では、私は、世界各地のインド人の契約移民に関する膨大な文献を参考にすることができた。文献から、私は、自分のデータを組織化する上で役立つ、幾つかの鍵となるテーマを見出した。すなわち、カーストの喪失、家族構造の変化、伝統的な宗教の役割、契約期間終了後の経済的機会、ポスト植民地社会におけるインド人と他の人々との政治的関係、二次的移民（すなわち、契約移民の地を離れてイギリスやカナダ、アメリカ合衆国に向かった第二・第三世代）である。私は、これらのテーマを主要カテゴリーとして使って、自分のノートブックを組織化した。最終的な分析に向けてフィールドノーツを読み返す中で、その時点までに疑問に感じ始めていたことが確認された。つまり最初のカテゴリー、すなわちカーストの喪失は、多かれ少なかれトリニダードのインド人の間では問題ではなく、バラモン（カーストの最高位の高位聖職階級）以外は、年長者ですら伝統的なカースト制度を正確に覚えていなかったし、インド文化の支柱とされてきた制度が何世代にもわたる契約移民によって消失したことをほとんど誰も深刻に考えていないように思われた。他の海外居住のインド人コミュニティで行われた研究と同様に、確かに私が研究したコミュニティでもかつて「カーストの喪失」が見られたにせよ、私のフィールドノーツにはこのカテゴリーを残すに足る記述がほとんどなかった。他方で、アルコール依存症が、重要な問題として立ち現れていた。カテゴリーを跨いで分散していたAA会合でのインタビューや観察に関するたくさんの記録を取り出して、それらを独立したカテゴリーにまとめた。こうしてアルコール依存症を宗教・家族・経済的政治的関係といった既存の要素と比較・対照することが可能となった。これらの多くのカテゴリーは、当初、契約移民に関する文献の比較検討から生まれた「エティック」なものであった。しかし、後で行ったカテゴリーの修正は、「イーミック」の視点を反映したもので、インフォーマントが自分たちにとって大事なこととして私に語ってくれた内容と呼応するものであった。

　施設外治療研究では、文献の多くが臨床的なもの、ないし精神障碍者の介護従事者によるものだったため、私はそうした研究に基づく既存のカテゴリーを使わないことにした。私の当事者自身についてのエスノグラフィーは、疑いな

く異なる視点を提示するように思われた。私は研究の間、日記のようにしてナラティヴを書き付けていくというかたちで、フィールドノーツをとり続けた（個人的省察は書かず、それは別の私的な日誌として記録した）。また、これとは別に、長期にわたるインタビューの逐語録もとっていった。こうしたやり方は、研究で見出した事柄を書き上げる段階で使い勝手がよくないのは明らかなので、注意深く全体を読み込んで、そこから立ち現れてきたカテゴリーを用いた。つまり、性的関心、仕事探しと仕事の継続、家族との関係、友人との関係、治療専門家との関係、世界観（「より広い枠組み」の中で自分自身をどう捉え、自分が置かれた状況をどう解釈しているか）である。これらのカテゴリーの生成は、大部分が人々が私に語ったことに導かれて形成されたものであり、ほぼ完全に「イーミック」なものであった。

- **データの表現***。データを有効なカテゴリーに整理する際に、文章・表・図などのかたちに（あるいはこれらを幾つか組み合わせて）まとめることができる。よく使われる表現形式には、次のものがある。
    - ✓ 「比較のための表」あるいは**マトリックス***。これは、カテゴリーの1つについて、研究対象を2つに分けて比較する2×2表のようにシンプルでもよい。

| ヒンズー教徒のインド人 | AAのメンバー | AAのメンバーではない |
| イスラム教徒のインド人 | AAのメンバー | AAのメンバーではない |

    - ✓ この場合、各セルには数字が入るが、記述的な文章が書き込まれる場合もある。こうした表を作ることで、（生のフィールドノーツではすぐにはわからなかった）AAに所属するイスラム教徒は、人口から予想されるよりも多いことが数字でわかる。人口全体としては、ヒンズー教徒はインド人の約80％で、イスラム教徒は15％、残りはキリスト教への改宗者であった。しかし、イスラム教徒はインド人AA会員の35％で、ヒンズー教徒が60％、残りがキリスト教徒であった。この数字に添えたテクストが、なぜイスラム教徒の方がAAに惹きつけられるのかを説明する上で役立った。インタビュー

では、多くのイスラム教徒が、インド人のサブコミュニティとして、ヒンズー教徒よりも常に「より進歩的」であると考えており、AAへの参加を自らの問題への「現代的な」対応と見なしていた。数字が予想外のパターンを示してはじめてこれらのコメントに注目することとなり、このナラティヴの文章によって数字の意味を解釈できた。

- ✓ **階層ツリー**＊（hierarchical tree）。この図解は、異なるレベルの抽象度を示す。ツリーの頂点は最も抽象度の高い情報を示し、底辺は抽象度の低い情報を示す。例を挙げると、契約移民の説明において、最も抽象度の高いレベルは、政治・経済的視点（入植した人々の無力さと数十年に及ぶ隷属に起因する剥奪に関わる状況）と心理的視点（伝統的な文化的アイデンティティの指標の喪失に関わる状況）という２つの大きな視点を表す。中程度のレベルは、経済的に搾取され政治的な権利が剥奪された移民に見られるストレス（集団としての野心と野心を実現するための社会的資源との間の乖離の認識など）を表す。底辺には、私が参与観察をしたコミュニティにおけるトリニダードのインド人の経験に関するデータがくる。
- ✓ **仮説ないし命題**＊。関係に関する仮説や命題は、（量的研究のようには）正式に検証する必要はないが、データの中のテーマを帯びた諸要素を仮説や命題の形式で整理することにより、変数として取り出されたものがどう整合するのかについての道筋が見えてくる。一例を挙げれば、私は、家族との絆が強い精神遅滞者の男性は、家族との絆が希薄な者よりもコミュニティの生活復帰プログラムをやり遂げる傾向があるという命題を提示することができた。私は、統計的な代表たり得る精神遅滞を持つ成人男性のサンプルを見つけて研究する立場にはなかったため、意味のある方法でこの仮説を検証することは望めなかった。しかし、このようにわかりやすく命題として述べることは、自分のデータを組織化して彼らの経験を理解するための１つの方法であった。
- ✓ **メタファー**。メタファーは、文学的な手法であって、関係を表現する簡潔な方法である。（私は仮説の詩的な表現として捉えたい。）例を

挙げると、AAのインフォーマントの一人は、「内は生、外は死」というフレーズを使った。彼は特にAAについて言っていて、もしAAのグループを離れたら確実に飲酒に逆戻りし、自分は死んでしまうだろうと考えていたからである。しかし私は、彼の表現に、インド人に見られる一般的な態度の反映をも見た。彼らは、コミュニティ内に安全を見出し、外界を政治的・経済的・文化的な脅威と見なしていた。インド人にとっては、「内」にはAAだけでなく家族・宗教・製糖工場での仕事が含まれ、「外」には現代トリニダードの政治システム、石油工場での仕事、病院でのリハビリテーションが含まれる。インフォーマントが外界を区分するメタファーは、私自身がデータを整理する上で極めて有用なもので、私は最終的に研究プロジェクトの著書のタイトルに「外は死」というフレーズを使った。より率直なメタファーの使用例としては、コミュニティの精神遅滞プログラムに参加している一人の男性が、怒りながら私に言った、「俺の人生はトイレだ」という言葉がある。彼のこれまでは、全部無駄だったと見ているのだ。これを文字通りに、単なるフラストレーションや絶望の叫びとして見ることもできる。しかし、これを観察データとインタビューデータの全体を解く手がかりとして使うこともできる。「なぜ人生が無駄だったのか。」このメタファーを反芻するうちに、この男性は──そして多くの同じ境遇の者たちは──彼らが真の大人ではない（彼らがしばしば言うように「本物の人間」ではない）ために、無駄な人生だと言っていることが明らかになってきた。彼らは（とりわけ性的欲求の表出を含めて）普通の成人と同じようにできるとの確信が持てず、自分のやることはすべて子どもっぽくて価値のないものと捉えていたのである。

以上から、まず**記述的分析**から始まる分析プロセスを、次のようにまとめることができる。

- もし可能であれば、文献から引き出したテーマによるカテゴリーを使って、フィールドノーツを組織化する。

- フィールドノーツ全体を読み込み、必要に応じてカテゴリーを修正する。
- データをその修正したカテゴリーに分類する。
- (サンプルが大きく可能な場合には) 記述的な統計分析のために、カテゴリーごとに該当数を数え上げる。
- 補助として、多様な表現形式を使って、文章化された材料の中にパターンを探す。

続いて、**理論的分析**に進む。

- 既存の文献を参考にして、パターンを考える。
- 自分の発見が他者の解釈とどう関係しているかを示す。(あなたの発見は、既に知られ確立された視点に対する新たな例証を加えるものであるかもしれない。あるいは予期に反するもので、さらなる研究を刺激するものかもしれない。いずれも正当であり、賞賛すべき結果である。質的データの分析については、Gibbs, 2007 も参照。)

メモ：エスノグラフィー・データの分析におけるコンピューターの使用について

　比較的小規模な研究プロジェクトでは、データの量も手作業での対処が可能なものかもしれない。簡単に視野に収まる範囲でパターンがわかるかもしれない。しかし、大量のデータを収集するプロジェクトの場合には、分析プロセスを補助するために設計されたコンピューター用ソフトウェアが役に立つ (Gibbs, 2007 を参照)。

　研究者にとって最も基本的なコンピューターの機能は、**文書処理**である。Word や Word Perfect のようなプログラムは、単に最終報告書を書き上げる時に役立つだけではない。テキスト形式のファイルの作成、テキストの検索・移動・複製・再生も可能である。また、文書処理は、インタビューの逐語録化、フィールドノーツの記録、インデックスを付けて検索するためのコーディングにおいても重要である。

　文書処理は、今日、ほとんどの者が馴染んでいるが、エスノグラファーを助

ける別のソフトウェアもある。**Text retrievers**（たとえば Orbis や ZyINDEX）は、特定の語やフレーズのある場所を見つけることに特化したもので、多数のファイルでこれらの項目の組み合わせを探すこともできる。**Textbase managers**（たとえば Tabletop）は、テキスト検索機能に優れ、テキストデータを組織化する能力が強化されている。**Code-and-retrieve programs**（QUALPRO, Ethnograph）は、研究者がテキストを扱いやすい部分に分け、分類するのを助ける。**Code-based theory builders**（たとえば ATLAS. ti, NUD.IST）は、コード化と検索機能を超えて、コーディングされた概念間／内の理論的関連を見つけ、高度に秩序づけられた分類や関連を見つけ出す。**Conceptual network builders**（たとえば SemNet）を使うと、関係を示す矢印や線で関連づけられた「ノッド」として変数を表示して、グラフィック・ネットワークを描くことができる。（Weitzman & Miles, 1995 は、これらのコンピューターを使った研究機能について解説している。技術の発展は急速なので、読者は特定のプログラムに関する最新の情報が掲載されたウェブサイトを参照してほしい。質的分析におけるソフトウェアの使用については、Gibbs, 2007 も参照。）

コンピューターを使った分析の**利点**は、以下の３点にある。

- コンピューター・プログラム自体は、データを組織的に保存する一形態であり、素材の検索を容易にする。
- テキストの分類と検索を自動的に行い、手で行うよりもはるかに時間を短縮できる。
- プログラムを使うと入念な（実質的に１行１行の）データの吟味ができる。通常の読みでは、潜在的に重要な情報の断片を見落とすことがある。

コンピューターを使った分析の**弱点**は、次の３点である。

- 新しいソフトウェア・プログラムに馴染むには、高いハードルがあるかもしれない（かつ時間がかかり非能率）。あえて挑戦しても、コンピューターに不得手な人もいる。

- 研究者が伝統的な手作業の分析法の補助としてコンピューター・プログラムを使う時に最もうまく機能するが、コンピューターを使うと、研究者は、どうしても仕事を**全部**任せようとする。
- エスノグラファーが利用し得るデータ分析プログラムは多数あるが、どれも同じではない。プログラムを入手するのに多額の費用がかかるものや操作方法を習得するのに多くの時間を要するものもあるし、挙句の果てに必要なものではないと気づくこともある。どのプログラムを使うかを決める前に、プログラムについての下調べをすべきである。

キーポイント

- 事実は自らについて語ることはない。したがって、データ分析は、データ収集プロセスの統合された一部である。
- データ分析には、2つの主要なかたちがある。
    - ✓ 記述的分析（パターンの探求）
    - ✓ 理論的分析（パターンに見られる意味の探求）
- パターンは、次の2つを通して判別される。
    - ✓ イーミックな視点（研究対象とする人々が物事をどのように理解しているか。）
    - ✓ エティックな視点（研究者が研究対象とするコミュニティで得たデータと、既に実施された類似した事例とをどのように関係づけるか。）
- エスノグラファーは、イーミックな視点とエティックな視点からのコメントを相互に付き合わせながら、常に妥当性をチェックする。
- エスノグラフィー・データの分析に関する統一された様式はないが、使用可能な枠組みは、次のものから構成される。
    - ✓ データの管理
    - ✓ フィールドノーツの全体的な読み込み
    - ✓ カテゴリーの明確化
        - ⇒ 記述
        - ⇒ 分類
    - ✓ データの表現
        - ⇒ マトリックス（比較のための表）

⇒ 階層ツリー
　　⇒ 仮説（命題）
　　⇒ メタファー
- 今日では、データ分析の際に、エスノグラファーを助けてくれるコンピューター・ソフトウェアが広く利用されている。

さらに学ぶために

　以下の文献は、観察データの分析、特にコンピューターとソフトウェアの使用について、より詳しく書かれている。

Babbie, E. (1986) *Observing Ourselves: Essays in Social Research*. Prospect Heights, IL: Waveland.

Gibbs, G. R. (2007) *Analyzing Qualitative Data* (Book 6 of The SAGE Qualitative Research Kit). London: Sage.［ギブズ／砂上史子・一柳智紀・一柳梢（訳）(2017)『質的データの分析』(SAGE 質的研究キット6) 新曜社］

LeCompte, M. D. & Schensul, J. J. (1999) *Designing and Conducting Ethnographic Research*. (Vol.I of J. J. Schensul, S. L. Schensul & M. D. LeCompte, (eds.), *Ethnographer's Toolkit*). Walnut Creek, CA: AltaMira.

Weitzman, E. A. & Miles, M. B. (1995) *Computer Programs for Qualitative Data Analysis*. Thousand Oaks, CA: Sage.

＊訳者補遺

グレイザー, B. G. & ストラウス, A. L.／後藤隆・大出春江・水野節夫（訳）(1996)『データ対話型理論の発見：調査からいかに理論をうみだすか』新曜社

箕浦康子（編）(2009)『フィールドワークの技法と実際Ⅱ：分析・解釈編』ミネルヴァ書房

戈木クレイグヒル滋子 (2008)『実践グラウンデッド・セオリー・アプローチ：現象をとらえる』新曜社

佐藤郁哉 (2008)『質的データ分析法：原理・方法・実践』新曜社

7章 エスノグラフィー・データの表現方略

伝統的な学術的形式でのエスノグラフィー・データの表現
文書形式でのエスノグラフィー・データの他の表現方法
文書を超えて

この章の目標
- エスノグラファーが自ら発見したことを人々に伝える複数の方法を知る。
- 標準的な科学的モノグラフは、今やしばしば「他形式のエスノグラフィー」で補われていることを知る。
- 文書以外の形式でのエスノグラフィー・データの表現について知る。

　これまで見てきたように、エスノグラフィーにおけるデータ収集とは、「事実」を蓄積することであるが、その事実が自ら語ることはない。その意味を明らかにするためには、事実は分析されなければならない。こうした理由から、データ分析はデータ収集プロセスの統合された一部なのである。
　この論理をもう一歩進めることができる。研究者がデータを収集し分析してパターンを取り出し説明しても、研究結果が何がしか読者に伝えられることがなければ、それほど意味がないように思われる。私的な自己啓発のために研究をすることが喜びとなることもあるかもしれないが、おおかたの研究者は ── エスノグラファーを含めて ── 他の研究者、そして時には学界を超えた一般の読者と対話するために研究に従事するのである。
　関心を持つ読者にエスノグラフィー・データを提示するための唯一の論理的な方法は、伝統的な学術的著述の形式 ── 本やモノグラフ、科学的ジャーナル

の学術論文、学術大会での発表論文——であるとされている。そこで本章では、学術的なエスノグラフィーを著述する際に妥当な、幾つかの標準的な方法について取り上げる。ただし、エスノグラファーが使えるようになってきた選択肢——拡大しつつある潜在的な読者ともコミュニケートできるようなデータ表現の代替的方法——についても検討する。

伝統的な学術的形式でのエスノグラフィー・データの表現[*]

科学的な文書では、その長さにかかわらず、幾つかの鍵となる要素が慣習的な順序で叙述される。(Berg, 2004, pp.299-317 には、学術的なエスノグラフィー論文を書く際の原則が明快に述べられている。Creswell, 1994, pp.193-208 も参照。)

- **タイトル**は、報告書が何について書かれたものであるかを直接伝えるものである。エスノグラフィーのレポートのタイトルに、研究対象としたコミュニティの誰かが語った魅力的な発話が引用される場合があるが、その場合も、タイトルは過度に「気取って」いたり「巧緻に」すぎたりすべきではない。
- **要旨**は、研究の簡潔な概要(100-200 語)で、最も重要な発見について特筆し、データの収集と分析の方法を述べ、最後に主要な発見から引き出せる示唆を述べる。要旨では、説明や細部についての記述は不要である(著書の場合は、要旨よりは長く、多少詳細にもわたるまえがきが置かれる)。
- **序論**は、読み手/聞き手の関心を研究に向かわせるものである。研究の主要な研究設問に関する説明と(おそらくその正当化も)、これから論じる重要な問題について概観する。
- **文献展望**では、研究と関係する既刊資料を批判的に(実質的、方法論的、理論的に)吟味する。特に自分の報告書に直接関係する研究に重きを置く。文献展望は、通常、著者自身の理論的枠組みを説明し正当化する場所でもある。
- **方法論的展望**では、著者のデータの収集と分析の手続きについて述べる。研究サイトについても、ある程度詳しく述べる。方法論的展望における

研究サイトについての記述は、エスノグラフィーにおいては特に重要で、この特徴がこの後に続く叙述と直接的な関係を持つからである。
- **発見や結果**についての報告は、研究と、序論で提示した研究設問や文献展望で浮上した問題とを何らかのしかたで関係づける。
- **結論**では、主要な発見について要約し、研究を文献の中に位置づけ、今後の研究の方向性を示す。
- **引用文献・注・付録資料**は、本体を補う説明的な材料である。ジャーナルの編者や出版社の好みによって、注はページごとに脚注にしたりまとめて各章の末尾（あるいは本の巻末）に掲載したりされる。いずれの場合でも、注では本文ほど重要な内容は伝えられない。引用文献は、本文で引用したすべての資料を挙げ（編者の了解を得て、「引用されてはいないが研究者が参考にした文献」が別掲されることがある）、ジャーナルや出版社の基準形式に従わなければならない。付録として付ける資料には、チャートや表、資料原本のコピー、写真、本文の主要部を裏付けるその他の資料が含まれる。

文書形式でのエスノグラフィー・データの他の表現方法

　エスノグラフィーは科学であるが、「ハード」科学とは多くの点で異なる（ハード科学は実験モデルに基づき、量的なデータ分析による厳格な客観性を重視する）。つまるところ、エスノグラファーは、研究する人々の日常生活の中で参与観察者となり、化学や物理学では不適切とされる対象に対する主観をある程度持ち込むことになる。伝統的な科学的文書のスタイルは、生身の人間に生きられた経験を描こうとするエスノグラファーにとっては、常に窮屈なものであった。厳格な科学的文書の拘束から自由になる方法が次第に見出されるにつれて、近年、エスノグラファーは、エスノグラフィーを書くための多様な「代替的」形式を試みるようになり、研究対象とする人々に生きられた経験をより表現豊かに描くために、文学や他の芸術の形式を取り入れつつある。個人的な（「省察的な」）ナラティヴ（公的な形式をとった私的な日記）や短編小説、小説、詩、演劇の形式を用いたエスノグラフィー報告書が増えつつある。文学の影響を受けたこれらの作品には、幾つか主要なカテゴリーがある（しば

しば「物語 (tales)」と呼ばれる)。(エスノグラフィーの「物語」について議論した標準的な文献として、van Maanen, 1988 がある。他の興味深い文献としては、Sparkes, 2002 がある。)

- **写実主義的な物語** (realist tales) は、描かれた人々の実際の声を読者が「聞く」ことができるように、観察やインタビューをした人々からの引用が豊富かつ入念に編集されている点に特徴がある。写実主義的な物語では、著者の存在は前面に出ず、研究対象とする人々の言葉・行為や (推定される) 考えの背後に隠れている。写実主義的な物語は、エスノグラフィーの表現に長く深い根を下ろしており、トロブリアンド諸島でのマリノフスキー (Malinowski, 1922) の仕事は、その古典的な例である。写実主義的な物語では、フィールドワーカーは、「研究する世界を真面目に礼儀正しく、合法的かつ冷静に、熱心にかつ献身的に書き写す者」(van Maanen, 1988, p.55) であることが要求される。
- **告白的な物語** (confessional tales) は、研究者が前面に出て全面的に自分の特色を打ち出して語る。参与観察をする行為が、研究対象とするコミュニティについての記述と共に描かれる。告白的な物語だけが語られることはめったになく、通常の写実主義的なナラティヴの中に告白的な引用部分が挿入される場合が多い。エスノグラフィーを行う方法を解説したマニュアルには、告白的な物語が多用される。注意を喚起する材料として、著者自らのフィールドワークの経験が使われることが多いからである (Agar, 1980 などを参照)。
- **自己エスノグラフィー** (autoethonography) または「自己についてのナラティヴ (narrative of self)」は、研究者が分析の基盤として自身の個人的な経験を用いる混淆的な文学形態の1つである。自己エスノグラフィーは、読者が著者に経験された感情を追体験できるように、劇的な再現、強力なメタファー、生き生きとした登場人物、珍しいフレーズ、解釈の抑制といった特徴を持つ。例を挙げると、エリス (Ellis, 1995) は、自分の人生における重要な他者の死と彼の養育者としての自分の対処に関するナラティヴを書いた。細部は事例固有のものであるが、エリスのナラティヴのスタイルは、この特殊な関心と、われわれの社会に

おける生・死・喪失という一般的なテーマとを注意深く結びつけている。（自己エスノグラフィーについての議論と他の事例については、Ellis & Bochner, 1996, pp.49-200 を参照。）

- **詩的表現**（poetic representations）は、研究対象とするコミュニティの人々が自分を取り巻く世界をどう「見ている」のかを読者に伝えるために採用される、コミュニティの描写でよく使われる表現形式である。リチャードソン（Richardson, 1992）は、アメリカ合衆国の南部の田舎に住んでいる、貧しい家庭出身のキリスト教徒の未婚女性の人生を5頁にわたる詩に構成した。その詩は36頁のインタビュー逐語録に基づいたもので、声・トーン・リズムやその女性が生きた時代・場所・社会的位置を映す言い回しに注意が払われ、入念に組み立てられた。さらにその詩には、対象とされた女性自身の言葉だけが使われた。

- **エスノドラマ**（ethnodrama）は、データを劇場向けの筋書きやパフォーマンスに変形したもので、ダンスやパントマイム、他の表現豊かなパフォーマンスも含まれる。たとえば、ミエンチャコウスキー（Mienczakowski, 1996）は、メンタルヘルスと中毒問題に対するコミュニティの理解を促進しようとした。そのために、彼は自分のエスノグラフィーを踏まえて、2つの芝居を作った。最適な対象である聴衆に届くように計算して、その芝居を研究地で実演した。出演者には劇場の生徒に加えて、保健の専門家も含まれていた。

- **フィクション**（fiction）は、研究対象とした場所と人々をフィクションにして表現する文学的な形式である（人物を造形し、その人物を仮想の出来事の中に置き、時を変えて核心をつく独白をさせるなど）。フィクションは倫理的な理由で採用されることもあれば（通常の「客観的な」書き方では誰であるかが容易に特定されるような場合には、危険に晒されるおそれのある人々が誰であるかを隠す方がよい）、研究したコミュニティの経験をより一般的な関心とつなげるために採用されることもある。成人の精神遅滞者に関する私自身の研究報告（Angrosino, 1998）は、エスノグラフィーのデータを短編小説の形式に換えた例である。（フィクション的表現に関する理論と方法についての詳細かつ批判的な議論については、Banks and Banks, 1998 を参照。この本には、エスノグラフィー報告書を

フィクションにした例も紹介されている。）近年注目を浴びた論争に照らして言えば、エスノグラフィー・データのフィクション的な表現と言う場合、それは物事を作り上げ、その作り上げた物事を事実に見せかけることを**意味しない**、ということを強調しなければならない。フィクション的表現とは、物語を語るために、通常の学術的な散文に代えて文学的なフィクションの技法を使うというだけの話である。一般的な合意として、エスノグラフィーのフィクション作品は、明らかにそのようなものに分類される。

これらの多様な代替的形式のエスノグラフィーは、学界を超えて読者の心を動かす可能性を持っていることは明らかであろう。（Richardson, 1990 は、この問題について最もよく引用される議論である。）これらの形式は、文献展望や方法論・理論に関する説明で親しんできたものに比べると厳格さに欠けるかもしれない。他方で、これらの形式は、結局は研究者集団にしか読まれない標準的な学術的モノグラフでは成し得なかった方法で、他者の経験を人々に届け、感動させ、教えることができるのである。

文書を超えて

記録映画は、エスノグラフィー・データを表現する有効な方法と長らく考えられてきたが、映画を作るためには社会科学者が習得していない高度な特殊技能が必要になる。しかし、ビデオ記録機器がわれわれにとって馴染みのある技術になってきた今日、状況は一変した。「代替的方法をとる（alternative）」エスノグラフィーの書き手が、科学的著作に典型的な、時に無味乾燥なイメージを超えるために、詩的な手段やその他の架空の文学的手段を使うことを学んだように、エスノグラファーが、客観的なドキュメンタリーに加えて、豊かな表現が可能なフィクション映画を作ることも考えられる。（Heider, 1976 は、エスノグラフィーにおける映画の使用に関する初期の、しかし今日にも通用する解説である。）

同様に、デジタル写真機器の普及によって、高品質のイメージを産出できるようになっただけでなく、これまで考えられていたよりもずっと広範囲に広め

ることができるようになった。**インターネット上に文書とイメージを掲載する**ことは、エスノグラファーにとって、今や実際に可能なことである。かつての映画がそうであったように、ウェブ上での表現は、今でも学術的出版の補助物として考えられている。人々がますますウェブにアクセスするようになり、他のコミュニケーション手段よりも好むようになっていると思われ、状況は変わるだろう（Bird, 2003 を参照）。**博物館や他の場所での視覚的な表示／展示**は、エスノグラフィー・データを生き生きと広くアピールする別の方式である（Nanda, 2002 参照）。

　文書を使わないエスノグラフィー表現の方法について詳述することは、本章の範囲を超えるが、読者は自分の研究の可能性について考えてみたくなったかもしれない。今日でも、まずはしっかりとした伝統的な科学的な書き方を習得するのがよい。そうすれば、より創造的な方法について検討——実行——できるようになる。

キーポイント

- 収集され分析されたエスノグラフィー・データは、当然ながら想定する読者に情報が伝わる方法で表現されなければならない。
- 表現の標準的な形式は、学術的な著作物（本／モノグラフ、学術雑誌論文、学術大会での発表論文）である。それは、一般的には、次の要素から構成される。
    - ✓ タイトル
    - ✓ 要旨
    - ✓ 序論
    - ✓ 文献展望
    - ✓ 方法論的展望
    - ✓ 発見や結果についての報告
    - ✓ 結論
    - ✓ 引用文献・注・付録資料
- エスノグラフィー・データは、次のような代替的な書き方をすることも可能である。
    - ✓ 写実主義的な物語

- ✓ 告白的な物語
- ✓ 自己エスノグラフィー
- ✓ 詩的表現
- ✓ エスノドラマ
- ✓ フィクション
- 文書によらない表現形式には、次のものがある。
  - ✓ 記録映画
  - ✓ フィクション映画
  - ✓ ウェブ上への文書とイメージの掲載
  - ✓ 博物館や他の場所での視覚的展示

さらに学ぶために

以下の文献は、エスノグラフィー研究とそこで発見されたものについて書くことの詳細を論じている。

Banks, A. & Banks, S. P. (eds.) (1998) *Fiction and Social Research: By Ice or Fire*. Walnut Creek, CA: AltaMira.

Ellis, C. & Bochner, A. P. (eds.) (1996) *Composing Ethnography: Alternative Forms of Qualitative Writing*. Walnut Creek, CA: AltaMira.

Richardson, L. (1990) *Writing Strategies: Reaching Diverse Audiences*. Newbury Park, CA: Sage.

*訳者補遺

クリフォード, J. &マーカス, J.（編）／春日直樹ほか（訳）(1996)『文化を書く』紀伊國屋書店

ギアーツ, C.／森泉弘次（訳）(1996)『文化の読み方／書き方』岩波書店

前川啓治（編）(2012)『カルチュラル・インターフェースの人類学：「読み換え」から「書き換え」の実践へ』新曜社

ヴァン＝マーネン, J.／森川渉（訳）(1999)『フィールドワークの物語：エスノグラフィーの文章作法』現代書館

8章　倫理的配慮

研究に関係する倫理的配慮のレベル
制度的機構
研究倫理の個人的次元
結論

この章の目標
- エスノグラフィーによるフィールドワークを実施する際の倫理について理解する。
- すべての社会科学者に適用される研究倫理の基準について理解する。
- 参与観察で生じる特殊な問題について理解する。

　参与観察を含むエスノグラフィーは、必ず研究者と研究対象者との直接的な相互作用を伴う。こうした密接な相互作用は、何らかの点で研究対象となる人々を不注意にも傷つけるという事態をもたらすことがある。こうしたことから、現在の研究者は、研究に当たって、倫理的に適切に行動することに大きな関心を寄せている。研究の倫理的次元について議論せずして、エスノグラフィーによるデータ収集について、正当に議論することはできない。

研究に関係する倫理的配慮のレベル

　研究の遂行に関して思慮すべき倫理的配慮には、3つのレベルがある。

111

- 公的かつ公表された規準[訳注9]は、政府によって指示されたものである。これは、たいていの大学や研究機関において効力を持つ。
- 倫理綱領は、研究者が所属する専門家集団によって公表されたものである。たとえば、アメリカ人類学会（AAA）は、次のように表明している。

　研究の計画と実施の双方において、人類学研究者は、資金提供者・同僚・研究対象者や情報提供者および研究の影響が及ぶ関係者に対して、その目的、予想される成果、研究プロジェクトに対する支援の源泉を公開しなければならない。研究者は、研究結果を適切な形式で使用し、適切かつ時宜を得た活動を通して結果を広めなければならない。これらの期待を満たした研究は、資金源（公的資金／私的資金）や目的（「応用研究」「基礎研究」「私企業による研究」など）にかかわらず倫理的である。

　AAAでは、研究者の第一義的な責任は、共に研究し生活や文化を学ばせてもらった人々に対してであると明記されている。学問・学会・一般大衆に対する責任は、これも大事ではあるが、研究の中身を提供してくれた人々との関係に対して二次的である。（Rynkiewich & Spradley, 1981 参照）。

- われわれ自身の個人的な価値観は、われわれが他者に公平的かつ人間的に関わろうとする際に、われわれをガイドする。個人的な価値観は、宗教的伝統、仲間集団でのコンセンサス、個人的な関心の反映、およびこれらすべての何らかの組み合わせの産物である。（研究倫理に関する十全な議論については、Elliott & Stern, 1997 を参照。）

[訳注9]　日本における公的な倫理ガイドラインとして、文部科学省・厚生労働省告示として公表された「人を対象とする医学系研究に関する倫理指針」（平成26年12月22日制定、平成27年4月1日施行）がある。人文・社会科学研究への適用については、同指針では明文化されていないが、同指針の解説書である「人を対象とする医学系研究に関する倫理指針ガイダンス」（平成27年2月9日制定、同3月31日改訂）では、心理学・社会学・教育学等の人文・社会科学分野の研究でも、「研究対象者から取得した情報を用いる等、その内容に応じて、適正な実施を図る上でこの指針は参考となり得る」と明記されている。

制度的機構

　社会調査は、倫理委員会（institutional review boards, IRBs; Flick, 2007b, 9章も参照）の制度によって統制を受ける。IRBs は、1960年代以降に、アメリカ合衆国連邦政府の資金援助を受けた研究に参加している全員から**インフォームド・コンセント***を得ることを求める連邦政府の規定によって生まれた。これらの参加者は、この規定の用語では、**人間被験者**（human subject）と呼ばれる。

　参加者を負傷や死に至らしめた多数の実験的研究プロジェクト（たいていは生医学研究や他の臨床研究）の結果として、「被験者」の保護が問題になった。被験者を「侵襲的な」研究手続きの負の影響から救うために、研究への協力は**選択**によってなされ、選択はこれから被験者になる人々によってなされるとされた。彼らが熟慮した上で選択するためには、事前にプロジェクトの性質や研究への協力がもたらす結果を正確に知らされる必要がある。

　研究の被験者を保護することは、彼らを身体的・心理的な傷害から救うことだけを意味するものではない。同時に、彼らのプライバシーの保護や彼らが特定される可能性のある全研究記録の秘密保持も含んでいる。これから研究被験者になる可能性がある人が、外部の人に知らせてほしくないプライバシーの問題が何かを想定することはできないため、被験者に対しては、情報の流出を防ぐ方法について注意深く説明しなければならない。そして、彼らが、個人的に、またコミュニティの一員として集合的に、何が受け入れられ、何が受け入れられないかを語ることに、耳を傾けることを学ばなければならない。

　よく用いられるのは、フィールドノーツや研究を基に書かれる報告書に人々を記述する際に、コード（番号や仮名）を用いる方法である。また、研究者は、フィールドノーツを安全な場所で保管し、プロジェクト終了時にはそれらを破棄することを明確に述べておく。インタビューを基に書かれた産物が出版される場合には、それに先立って、研究記録のコピー（テープや逐語録など）を被験者に送り、了承を得る必要がある。

　聖職者・内科医・法律家とは違って、エスノグラファーは、こうした自動的な秘密保持の普及を喜べない。司法によって強制されれば、裁判所の召喚状に抵抗することができないため、被験者に対するわれわれの約束を守ることがで

きない。レポーターが取材源を隠すように、われわれも召喚状に応じることを拒否し、拒否した結果への代償を払うことはできる。しかし、その論理的帰結に対して、誰もがそのように高い道徳的立場に立つ用意があるわけではない。

インフォームド・コンセントの権利が宣言されるようになって、連邦政府の資金援助を受ける全機関に対して、IRBs は基準の遵守を強制し監視するようになった。この権利（やそれを支援するメカニズム）に対して、本気で**異を唱える**研究者はいないが、社会科学者は、あらゆる形態の研究を射程に入れるようになった IRBs の拡大傾向を次第に憂慮するようになってきている。社会科学者の研究は、生医学研究ほどには身体に決定的な結果をもたらさないが、適切に知らせなければ被験者を傷つけるおそれがあることは確かである。しかし、多くの社会科学者は、IRBs は臨床的／生医学的な類いの「侵襲的な」研究と、エスノグラフィーの類いの「侵襲的な」研究との違いのニュアンスをなかなか理解しようとしていないと見ている。

1980 年代には、調査予定の対象者が子ども・障碍者・服役者・老人を含む**弱者***として指定された人々でなければ、連邦政府は社会科学者が審査免除を請求することを認めていた。そうした人々は、さまざまな理由から社会調査の手続きや狙いを理解しにくいことから、特別に注意を払わなければ、情報に基づいた決定をきちんとすることができそうにない。いずれにせよ、多くの大学（私が所属する大学も含めて）にいる法律カウンセラーが、IRBs がこうした包括的な免除を認めるのに反対するよう助言した。私が勤務する大学の場合、連邦政府の免除基準に合致し、「簡易」審査を受ける資格があると思われる申請案件であっても、**すべて** IRB の審査を受けなければならない。論争の余地なく免除案件と見られる申請であっても（選挙によって選ばれた公人に対する公共政策に関する公開インタビューに基づく研究など）、IRB に届け出なければならない。実に皮肉なことに、免除が適用される他の研究——既に議論した「非干渉的な」方法——は、研究のどの段階でも研究対象者には何も知らされないのであるから、エスノグラファーから見れば最も倫理的に問題を孕む研究なのである。

私の大学にも現在 2 つの倫理委員会があるが、1 つは生医学研究のためのもので、もう 1 つは「行動科学」のためのものである。しかしながら、後者は参与観察を基本とするエスノグラフィーよりも実験的な社会調査に馴染んだ研究

者によって構成されており、エスノグラフィーを行うフィールドワーカーの研究方法にいまだにあまり理解がない。たとえば、実験的研究者は、事前に文章化した質問項目や高度に構造化された観察手順など、厳密な研究プロトコルに沿って研究を行う。エスノグラファーもフィールドでよく似た手法を使うこともあるが、前もって完全に説明できない多様な方法も使う。参与観察しながら偶発的に生じる物事は、完全に予期し得ないものであり、非構造的な即興のインタビューは、構造化インタビューと同じくらい一般的なものである。こうした偶発性のために、研究の採択前にあらゆる可能性を事前に把握して審査したいとする IRBs の要求を満たすような研究申請書を書くことは、エスノグラファーにとって至難の業なのである。

　その結果、「行動」科学でさえも、IRB は検証する仮説と「実験のプロトコル」の詳細を報告するよう要求する。さらに、何百頁にも及ぶ IRBs ハンドブックの中で、行動科学研究にはたった 11 パラグラフしか割かれていない。今では、IRB の審査を通ったプロジェクトのすべての主要研究者は、改訂され続けている連邦政府の倫理基準について、継続的な研修を受けることが義務づけられている。インターネットを使った研修も可能ではあるが、最近の学年度では、訓練モジュールはすべてが保健福祉研究の領域からのものであった。(Fluehr-Lobban, 2003 を参照。倫理に関する議論と IRB の機能については Flick, 2007b, 9 章 も参照。)

　近年の意外な展開は、オーラルヒストリー学会が、同会員の行っていることは「研究ではない」として、IRB に従う必要はまったくないとの立場を表明したことである。「研究」とは、実験的デザインや仮説の検証と量的分析に基づくものであるというのが、彼らの理由である。それゆえに、オーラルヒストリーは（つまりはおおかたのエスノグラフィーも）研究ではなく、文学や芸術の仕事により近いというわけである。エスノグラファーは、決して文学や芸術との親和を避けるものではないが、だからといって、ほとんどの者は、自分たちのしていることは研究ではないという考えを拒否するだろう。この問題は、本書を書いている段階では、満足のいく解決に至っていない。現時点では、エスノグラフィーをしようとする者は、自らのプロジェクトが「簡易」審査を受ける資格があろうとも審査を「除外」されることはない──除外されるべきでもない──との考えに立って、現在の制度的な倫理基準に精通することが大切

である。

研究倫理の個人的次元

エスノグラフィーを行う研究者が、倫理的行動に関する制度的ガイドラインに注意深く従っていたとしても、フィールドワーカーにとって、倫理的挑戦となるエスノグラフィー（特に参与観察を基本とするエスノグラフィー）固有の状況がある。

たとえば、連邦政府の政策で正式に述べられている用語、すなわち**被験者**について検討しなければならない。確かにこの用語には、エスノグラフィーでは一般的に適切ではない臨床的かつ非人間的な含意がある。同時に、研究プロセスにおけるヒエラルヒー的な視点が反映された政治的な含意もある。かつては、研究者が研究プロセスをコントロールし、研究デザインの全要素を自分の目的に合うように操作する立場にあっただろう。ある程度、こうした状況は、実験科学では今でも当てはまるかもしれないが、エスノグラフィーではそうではなかったし、今日ますますそうではなくなっている。エスノグラファーは、研究する人々を「被験者（subjects）」ではなく、研究の「パートナー（partners）」もしくは「協働者（collaborators）」と考えている。

参与観察は、結局のところ、研究が進むにつれて展開していく。研究地のコミュニティの人々と育んできた関係の深まりの中から、研究が発展していくのである。非常に重要な意味で、エスノグラフィーのプロセスは、研究者とコミュニティとの対話にほかならない。研究者がデータの収集と分析のスキルを持っていたとしても、研究プロセスを完遂するためには、研究者は、研究対象とする人々の協力や善意にまったくと言ってよいほど依存している。必然的に「インフォームド・コンセント」とは、研究対象者が、研究者が自分たちに**対**してやりたいことを理解することだけを意味するものではない。研究対象者は、自分たちのフィードバックが、どのようにして、研究者が自分たちと**一緒**に成すことのできる計画の一部となるのかも、理解しなければならないのである。

IRBsがもたらした研究をめぐる状況は、エスノグラフィーを行うフィールドワーカーが常に直面してきた挑戦を強めることになった。

研究しているコミュニティについての公正で説得力のある分析を可能にするために、参与観察方略の統合された一部である人々との密な相互作用と、研究者としての一定の客観性を保持すべきという要求との間で、どのようにバランスをとればよいのか。

　上記の質問に対して、簡明で統一された回答はない。基本的に文脈と状況の問題である。
　例を挙げれば、トリニダードでは、私はある家族の家に住み、家族の一員として遇された。コミュニティで尊敬されている家族の一員として見られることで、他の家族や職場に出入りすることができた。しかし、私がインド人ではなくトリニダード人でもないことは疑いようもなく、AA グループに関しても、私はアルコール依存症患者ではなかった。私は、人種・エスニシティ・教育的背景・宗教などの点で明らかに部外者だった。私は確かに、コミュニティの人々と温かな関係を確立することができた共感的な部外者だった。しかし、主な目的は「本を書く」こと（彼らは私の研究目的をこのように理解していた）にあるという私の立場は一度も疑問視されなかったし、「大きな絵」を理解するために一定の距離を置きたいとする私の必要性も、疑問視されなかった。
　精神遅滞を持つ成人のコミュニティでは、正式には、私はまぎれもなく部外者であったが、グループの男たちは、友人としての私と彼らの生活を研究している誰かである私を常に区別できるわけではなかった。私は、施設の男たちに関しては、トリニダードで認識され尊重されていた距離をとることができなかった。実際、このプロジェクトに関する本をフィクション形式のナラティヴで書くことにした大きな理由の 1 つは、通常のモノグラフで期待されている、研究者としての超然とした客観性をまとうことができなかったからである。そうしていたなら、私の分析と彼らが生きる世界を見る私の方法を形作ってくれた人々との友情を歪めることになっただろう。
　このように考えてくると、エスノグラファーはいよいよもって、インフォームド・コンセントのプロセスに含意される人間関係の倫理に配慮することが強く求められるとわかる。ただし、人間の相互作用は、常に文脈に状況づけられている。それゆえに、普遍的に適用可能な客観的な「基準」に押し込むことは難しい（Punch, 1986 を参照）。

結　論

エスノグラフィーを行う、訓練されたすべてのフィールドワーカーの道具の中で重要なものは、自らの価値観を明瞭に理解する能力であるが、それは他者への敬意に関わるからである。そして、研究の「協働者」となる可能性のある人々が、当該のプロジェクトに参加したいか否かを十分な情報に基づいて決められるように、自らの価値観を明確に述べる能力もまた重要である。

キーポイント

- エスノグラフィーは、研究者と研究の対象となる人々との間の密接な相互作用を伴う。それゆえに、人間関係を導く倫理的原則は、すべての参与観察者／フィールドワーカーの研究プロセスの統合的な一部でなければならない。
- 倫理に関わる研究の決定は、以下によって統制される。
    - ✓ 大学の倫理委員会によって監視・施行される連邦政府の基準
    - ✓ 個人の価値観
- 連邦政府の基準は、すべての研究対象となる人々からインフォームド・コンセントを得ること、対象となる人々のプライバシーと彼らについての記録の秘密を保持することに関わる。
    - ✓ エスノグラフィーは、臨床的研究とは違って、指定された弱い立場の人々を対象にしたものでなければ、IRBの免除対象となる（あるいは簡易審査を受ける）場合がある。
- 個人レベルでは、研究協力者を対象者として捉えることから、研究プロセスにおけるパートナーもしくは協働者として見なす傾向への一般的な変化がある。

さらに学ぶために

以下の文献では、倫理的配慮について、さらに詳しく論じられている。

Elliott, D. & Stern, J. E. (eds.) (1997) *Research Ethics: A Reader*. Hanover, NH: University Press of New England.

Flick, U. (2007b) *Managing Quality in Qualitative Research* (Book 8 of *The SAGE Qualitative Research Kit*). London: Sage.［フリック／上淵寿（訳）(2017)『質的研究の「質」管理』（SAGE 質的研究キット 8）新曜社］

Fluehr-Lobban, C. (ed.) (2003) *Ethics and the Profession of Anthropology: Dialogue for Ethically Conscious Practice* (2nd ed.). Walnut Creek, CA: AltaMira.

Punch, M. (1986) *The Politics and Ethics of Fieldwork*. Beverly Hills, CA: Sage.

Rynkiewich, M. A. & Spradley, J. P. (1981) *Ethics and Anthropology: Dilemmas in Fieldwork*. Malabar, FL: Krieger.

＊訳者補遺

公益社団法人日本心理学会倫理委員会（編）(2011)『公益社団法人日本心理学会倫理規定（第3版）』金子書房

宮本常一・安渓遊地 (2008)『調査されるという迷惑：フィールドに出る前に読んでおく本』みずのわ出版

日本文化人類学会倫理綱領 (2008年6月3日更新版) http://www.jasca.org/onjasca/ethics.html

日本発達心理学会（監修）古澤頼雄・斉藤こずゑ・都築学（編）(2000)『心理学・倫理ガイドブック：リサーチと臨床』有斐閣

日本質的心理学会（編）(2014)『質的心理学フォーラム／特集　対話と葛藤としての研究倫理』Vol.6

9章　21世紀のエスノグラフィー

変化しつつある研究文脈 ── テクノロジー
変化しつつある研究文脈 ── グローバリゼーション
変化しつつある研究文脈 ── バーチャルな世界

この章の目標
- 参与観察とフィールドワークのしかたがどう変化したかを理解する。
- そのことが、現代のテクノロジー、コミュニケーション、移動手段に関わる「現実」世界と「バーチャル」世界における環境変化の結果として、どのように生じたのかを理解する。

　本書で論じてきたデータ収集のための道具のほとんどは、小規模で同質的な伝統社会を研究するために、100年以上も前に開発されたものである。それらは今もなお、われわれにとって有益で重要な道具の一部である。しかし、われわれがそれらの道具を使う文脈は、大きく変化した。

変化しつつある研究文脈 ── テクノロジー

　参与観察は、かつては、ノートブックとペン、おそらくはスケッチブックと簡単なカメラしか持たない、たった1人の研究者が、自己完結型のコミュニティで研究することを意味していた。研究の方法は、テープ録音機や映画撮影用カメラ、後にはビデオ録画機の導入によって、新たな活力を与えられた。記録のとり方は、ノート型コンピューターやナラティヴ・データの分析ソフトの

出現によって変容した。

　しかし、テクノロジーがますます精巧になるにつれて、エスノグラファーは、テクノロジーを使うことによって、フィールドワーカーとしての生きた経験とは幾分違う方法で、「現実」を捉え固定化していることに気づくようになった。参与観察研究の大きな価値は、生身の人々によって生きられる経験の曖昧さの中に、満ちては引く潮の中に、身を浸すことにある。そうした生活をスナップ写真に固定化して、その画像を瞬時に世界に発信できるようになればなるほど、現実の生活を特別で永遠に魅了して止まないものと感じるわれわれの感覚を裏切るリスクが高くなる。

　おそらく必要なことは、われわれの観察力をまさに観察のプロセスに向け、テクノロジーの使用者としての自分自身を理解することであろう。テクノロジーの変化は、単純な加算ではない。つまりわれわれがずっと行ってきたことを単に助けるというだけでは、決してないのである。むしろ行動の一側面における変化は、その行動を一部とするシステム全体に波及するという意味で、**生態学的**である。テクノロジーが洗練されればされるほど、われわれの仕事のしかたは変わる。「われわれ」が「もろもろのテクノロジー」に出会った時に何が起きるかだけではなく、「われわれ」が特定の種類の強力なテクノロジーと出会う時に何が起きるかを、そろそろ理解する必要がある。（詳細については、Nardi & O'Day, 1999 を参照。）

変化しつつある研究文脈 ── グローバリゼーション

　グローバリゼーションとは、資本、商品、サービス、労働、アイディアや他の文化形態が国境を越えて自由に移動するプロセスである。現代では、かつて幾分なりとも孤立して存在していたコミュニティが、世界規模で拡大した相互依存関係の中に引き込まれるようになった。

　グローバリゼーションは、情報テクノロジーの発展によって促進された。世界のすみずみからのニュースが瞬時に手に入る。以前は特定のコミュニティで観察したり尋ねたりした行動や考えは、当該コミュニティ特有のものであると考えることができたが、今ではそれらが文字通り、世界のどこから来たものなのかを確認しなければならない。

コミュニティも、もはや場所に境界づけられているとは限らず、地理、地勢、気候やその他の従来の影響力は、かつてほど不変なものではない。たとえば、トリニダード人の多くは、かつては島に住んでいたインド人コミュニティのメンバーも含めて、今では**トランスナショナル**に、国境を越えて行き来している。近年でも、人々は教育や仕事の機会を得るために、イギリスやカナダやアメリカ合衆国に移住していたが、しかし、一度移住すれば、たいていはそこに留まった。今日では、島と「海外」の両方に家を構えて、行ったり来たりする者もいる。かつては「インド人」であることは、小さな島の文脈内では決定的な意味を持っていた。西インド諸島と他の場所を定期的に往復する現代においては、インド人であることは何を意味するのであろうか。ニューヨークやロンドンやトロントでは、彼らは「インド人」「トリニダード人」「西インド諸島人」のいずれなのだろうか、それともその組み合わせなのだろうか。このような問いは、一世代前の1970年代の初めに私が研究対象とした人々には、何の意味もなかったろう。しかし、今や「コミュニティ」は至るところに存在し、彼らのアイデンティティは、30年前に考えられていたほど決して固定的なものではないのである。

「トランスナショナル」なコミュニティで参与観察をするのは、明らかに困難を伴う。もちろん地球を駆け巡って彼らを追跡する努力をすることはできるが、たいていの場合、実行するのがかなり難しい。より可能性が高いのは、特定の場所を拠点にした研究者であり続けることだろうが、われわれが参与し観察する「場所」は、多少ともそのコミュニティに属する全員にとって、もはや社会的・文化的現実のすべてではないことを忘れてはならないだろう。

小規模で伝統的なコミュニティであった原型を超えて、観察のようなエスノグラフィーの方法を使う際に役立つ、現代世界の幾つかの側面を整理しておく。

- 解説者は、今や**世界システム**、すなわち国家が経済的・政治的に相互依存関係にある世界について語る。世界システムとその内部の単位間の関係は、かなりの部分はグローバルな資本主義経済によって形成されており、国家のニーズを満たすことよりも、利益を最大化することに関心がある。世界システムの理解に貢献するために、本巻で論じてきた方法を用いた研究を行う場や出来事としては、次のようなものがある。

- ✓ 移民労働者の特質（Zúñiga & Hernández-León, 2001 などを参照。アメリカ合衆国に移住したラテン人労働者が、農業から工業部門に移行した道筋が記述されている。）
  - ✓ 「アウトソーシング」の出現と、それが支配パワーの世界に組み込まれた伝統的社会に与えた衝撃（メキシコ人工場労働者の研究である Saltzinger, 2003 など）。
- かつてソビエト連邦の影響圏にあったものの変容がもたらした、経済的、政治的、社会的な多くの変化。その記録を始めている研究者の一人に、ジェニン・ウェデル（Wedel, 2002）がいる。
- もちろん、世界は常に文化的に多様であった。しかし、今やグローバリゼーションによって、異文化同士が頻繁に接触する事態が生じたことで、文化的多様性、多文化主義、文化接触のダイナミズムが劇的に変化している。（現代における原住民とエスニシティの研究である Maybury-Lewis, 2002 などを参照。）
- 現代世界では、人々は「高尚な文化」の伝統によって定義されることが少ない。彼らは、大衆文化／ポピュラーカルチャーの影響をより受けている（そして、グローバルな「コミュニティ」として一緒に引き込まれている）。大衆文化／ポピュラーカルチャーの研究は、一時は「カルチュラル・スタディーズ」の中心テーマであったが、今では主流の学問領域として確立した。（グローバリゼーションが社会現象を扱う研究一般に与えた影響と、とりわけエスノグラフィーに与えた影響については、Bird, 2003; Fiske, 1989; Fiske & Hartley, 2003; Ong & Collier, 2005 などを参照。）

変化しつつある研究文脈 —— バーチャルな世界

　もし選択すればの話であるが、エスノグラファーは、インターネットを使うことによって「場所」から自由になれる。**バーチャル・コミュニティ**については、今ではよく知られるようになった。それは、地理的な近さや長期にわたって確立されてきた文化遺産の絆によってではなく、コンピューターに媒介されたオンライン上の相互作用によって特徴づけられる。それは居住のコミュニティではなく、「関心のコミュニティ」である。こうしたコミュニティは、し

ばしの間存続するが、興味の変化によって参加者が出入りするという性質上、たいていは短命である。

　確かに、エスノグラフィーをオンライン上で実施することは可能である。伝統的な「場所」で観察するのと同じように、インターネットのチャットルームで進行中の事柄を「観察」することができる。インターネットを通して、インタビューをすることもできる。さらに文書資料を使う能力は、デジタルによる保管と検索の方法によって明らかに向上した。オンラインを生きることは、21世紀では当たり前になりつつあり、確かにエスノグラフィーはテクノロジーと共に、サイバースペースに移動可能である。

　その一方で、次のような注意すべき点がある。

- コンピューターを用いたコミュニケーションは、ほとんどがもっぱら書き言葉や慎重に選ばれたイメージに基づいている。それゆえに、人々のジェスチャー、表情、声のトーンが持つニュアンスを「読む」ことに馴れたエスノグラファーは、かなり不利な立場に置かれる。
- オンライン上では、自分が何者であるかを隠すのがかなり容易である。時には、オンライングループに参与する目的が、完全に別の人物になりすますためであることもある。
- 「事実」の「正確さ」に依存する研究をする場合には、批判力を身に付け、バーチャルな資源を注意深く評価し、他の手段で裏付けをとれないことを確かだと主張しないことが必須である。

　しかし、「バーチャル・コミュニティ」は、本当に伝統的なコミュニティや社会的ネットワークと似たようなものだろうか。コンピューターを用いたコミュニケーションは、今や地理的に分散した古い既存のコミュニティ同士が接触を続けられる手段を拡張しながら、どのように新しいコミュニティを生み出しているのだろうか。こうした疑問は、特定の人々やその生活について研究するだけでなく、人々が自らの生活を定めるより大きなプロセスについても研究できることに気づかせてくれる。

　また、バーチャル・エスノグラフィーは、伝統的なコミュニティでフィールドワーカーが直面することと類似した――しかし、まったく同じではない――

倫理的な挑戦をもたらす。たとえ人々と直接顔を合わせないとしても、インフォームド・コンセントやプライバシーと秘密の保持が重要であり続けることは言うまでもない。インターネットは一種の公共空間であるが、そこに「住んでいる」人々は、従来の「場所」に住む人々と同じ権利を持つ個人である。今のところ、オンライン上の研究に適用可能な包括的な倫理ガイドラインはないが、幾つかの原則については、共通理解が得られ始めている。

- 公共的なウェブサイトの内容分析に基づいた研究には、倫理的な問題を課す必要がなく、公共のメッセージ板に掲載されたメッセージを引用することは、そのメッセージの投稿者が特定されることがない限り、**おそらく容認される**。
- エスノグラファーが研究目的のためにオンライン上で活動を「観察」する場合には、オンライン上のコミュニティのメンバーに知らせるべきである。
- 研究者が研究に基づいて出版する場合には、実名、Eメールアドレスや他の個人を特定する手がかりを使用しないことを、観察対象とするバーチャル・コミュニティのメンバーに保障すべきである。
- オンライン上のグループがそれへの入退室の規則を課している場合、研究者もその基準を遵守すべきである。それは、研究者が参与観察者として研究をする時に、コミュニティの人々の価値や予期に敬意を払うのと同じである。

また、オンライン・エスノグラファーの中には、バーチャル・コミュニティのメンバーからコメントをもらうために、研究報告書の草稿を共有している者もいる。メンバーのコメントをどう使用するかの決定にメンバーが関わるようにすることによって、研究者は「研究対象者」を真にエンパワーされた「協働者」にするという、より大きな倫理的な目標を達成することになる。

人類学者のデーヴィッド・ハッケン（Hakken, 2003）は、コンピューター革命に関する長期にわたる研究を行い、自ら「コンピューター使用のエスノグラフィー」と名づけた研究領域を生み出した。彼は、急速に増殖したコンピューター・システムのほとんどは、「機械中心」のしかたで設計され実行されてい

ると指摘する。しかし、実際のコンピューター使用は、高度な社会組織（ビジネス・学校・政府）で生じるのであり、そこで全面的に機械に焦点化することは（そして機械を操作するための作法も）使用者の文化と相容れない。コンピューター・システムのデザインに対する「人間中心的な」アプローチに向けての動きがあるが、そのような使用者に優しい改善も本質的に個人レベルのものであって、コンピューター使用の社会的性質を十分に反映していないとハッケンは指摘する。そこで彼は、「文化中心的な」コンピューター・モデルと呼ぶものを提案している。新しいテクノロジーについて文化的に考えることは、効率的なシステムを構築し、革命的なテクノロジーによってもたらされるより広い倫理的・政治的問題を提起することになる。それはまた、今や研究活動をますますコンピューターに頼るようになった多様な学問領域の実践に対するテクノロジーの影響を強調することにもなるだろう。サイバースペースを扱う研究者は、今現在の只中にいるのと変わらない社会形成を扱っているのである（つまり永久に「建設中」である）から、基本的に反応的な特徴を持つ従来の研究倫理の形態とは対照的に、「能動的」で先読みする倫理的姿勢が必要とされる。しかしながら、そうした倫理的プログラムの諸次元は、いまだ完全にはできておらず、まして社会科学の各領域の研究者に広く採用されてもいない。（バーチャル研究の挑戦に関する議論については、Hine, 2000; Jones, 1999; Markham, 1996; Miller & Slater, 2000 を参照。）

キーポイント

- 小規模で同質的な伝統的社会で使うために開発されたエスノグラフィーのデータ収集の道具は、今もなお有用であるが、研究の文脈に生じている変化に気づかなければならない。
- 現代のエスノグラファーが利用可能なテクノロジーは、フィールドワークの能力を高めるが、明快かつ一見決定的なものとしてその一瞬を「固定化」し、現実生活のたえまない変化がもはや捉えられないというリスクもある。
- 資本・商品・労働・思想や他の文化的形態が国家間の境界を越えて移動するグローバリゼーションのプロセスは、もはや社会的関係が場所に縛られないトランスナショナルなコミュニティを作り出した。社会構造、

文化的価値観、集団的アイデンティティの研究は、今やより広いアリーナで行われなければならない。
- オンライン上のバーチャル・コミュニティでも、観察、インタビュー、文書研究という伝統的なエスノグラフィーの方法を使うことは可能であるが、そのコミュニティの実際の性質についての研究が必要とされている。また、倫理ガイドラインを伝統的コミュニティの研究からバーチャル・コミュニティの研究に拡大することに、いっそうの配慮が求められる。

さらに学ぶために

以下の文献は、本章で述べた事柄について、さらに詳しく論じている。

Hakken, D. (2003) 'An ethics for an anthropology in and of cyberspace', in C. Fluehr-Lobban (ed.), *Ethics and the Profession of Anthropology: Dialogue for Ethically Conscious Practice* (2nd ed.). Walnut Creek, CA: AltaMira, pp.179-195.

Miller, D. & Slater D. (2000) *The Internet: An Ethnographic Approach*. New York: Berg.

Ong, A. & Collier S. J. (2005) *Global Assemblages: Technology, Politics, and Ethics as Anthropological Problems*. Malden, MA: Blackwell.

＊訳者補遺

藤田結子・北村文（編）(2013)『現代エスノグラフィー：新しいフィールドワークの理論と実践』新曜社

藤田結子 (2008)『文化移民：越境する日本の若者とメディア』新曜社

額賀美紗子 (2013)『越境する日本人家族と教育：「グローバル型能力」育成の葛藤』勁草書房

山下晋司・福島真人 (2005)『現代人類学のプラクシス：科学技術時代をみる視座』有斐閣アルマ

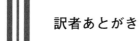

訳者あとがき

　本書は、サウス・フロリダ大学文化人類学部のマイケル・アングロシーノ教授のテキスト、*Doing Ethnographic and Observational Research*（Michael Angrosino, 2007, 2013, SAGE）の全訳である。同書は、アメリカの大学で広く使われている質的研究シリーズである SAGE Qualitative Research Kit（全8巻）のうちの1巻でもある。このたび、新曜社が同シリーズの全巻を「SAGE 質的研究キット」として翻訳することになり、同社社長の塩浦暲氏からお声をかけていただいて、エスノグラフィーの巻である本書の翻訳を担当させていただけたことは、大変に光栄であり嬉しいことであった。

　本書の特徴は、ウヴェ・フリック教授が「本書について」で述べているように、エスノグラフィーを「研究方法」というよりも「研究方略」として捉え、フィールドに参与しながら観察するタイプのエスノグラフィーに力点を置いて、その理論的・方法論的な基礎を解説している点にある。エスノグラフィーの理論的基礎に関する解説は、多様な社会理論を認識論的立場とし得るエスノグラフィーの潜在力を呈示する一方で、理論的志向の違いを超えて貫かれているエスノグラフィーの基本原理を教えてくれる。軸足を置く学問領域や志向する理論が違っていても、そこに通底するエスノグラフィーの有効性とエスノグラフィーが強みを発揮する研究課題を知ることは、エスノグラフィーの輪郭をつかむ上で、大いに役立つものと思われる。

　また、エスノグラフィーの方法論的基礎に関する解説では、エスノグラフィーの主要な技法の1つである参与観察がフィールド依拠的な研究者によって採用されるスタイルかつデータ収集を可能にする行動的文脈として語られ、フィールドエントリーからエスノグラフィー・データを形にするまで、各研究段階での要諦とそれを押さえつつ梯子をかけていく手順が明瞭に示されている。梯子をかけていくプロセスは、著者自身の2つのフィールドワーク経験（西インド諸島・トリニダードでの契約移民インド人プロジェクトとフロリダ州での施

129

設外治療プロジェクト）に裏打ちされているだけに、大変に説得力がある。さらに研究文脈が変化しつつある現代社会の中で、エスノグラフィーをどう鍛え実践していくべきかが投げかけられている。

　これからエスノグラフィーを学ぼうとする初学者だけでなく、現在、エスノグラフィー研究を実践中の方やエスノグラフィーを教えている方々も、本書から多くのヒントや示唆を得ることができるに違いない。私自身、翻訳作業を通して、エスノグラフィーを「研究方略」として捉えることで照射される、方法としてのエスノグラフィーを支える土台を再認識することができた。文化人類学者のアングロシーノ教授は、文化人類学で一般的な特定のコミュニティを対象とした「マクロ・エスノグラフィー」を専門とされているのに対して、私自身は、特定の社会集団内における複数の社会的状況を対象とした「マイクロ・エスノグラフィー」を実践してきたという違いがある。しかしながら、本書で解説されているエスノグラフィー研究を構成する諸段階や各段階での必須事項は、研究対象とする社会単位の違いを超えて、ほとんど共通していることを改めて感じた。また、グローバリゼーションや情報化といった社会的文脈の変化がエスノグラフィーに与えつつある影響についても、理解を深めることができた。

　塩浦氏には、本書の翻訳の機会を与えていただいただけでなく、翻訳文を精緻化する上でも貴重なご助言をたくさんいただいた。また、幾つかの訳語の検討過程では、夫・柴山知也（早稲田大学教授）からも支援を受けた。心からお礼を言いたい。

2016 年 2 月 10 日
柴山　真琴

用語解説

厚い記述（Thick description）
表面上の特性だけでなく、その場面の「感じ」を生き生きと描出するために、社会的関係の詳細・文脈・情動・ニュアンスを提示すること。

イーミック分析（Emic analysis）
コミュニティの人々が自らの行為に意味を付与する方法に焦点を当てて、研究対象とするコミュニティを理解する方法。

インタビュー（Interviewing）
情報を収集するために、組織的な方法で会話を方向づけるプロセスのこと。

インフォームド・コンセント（Informed consent）
研究倫理の基本原理の1つ。研究の方法や期待される成果について、すべての関連情報を提供された後に、人々が研究プロジェクトへの参加に同意すること。

エスノグラフィー（Ethnography）
人々の集団に関する記述的な研究。

エスノグラフィー・サーベイ（Ethnographic survey）
比較的多数のインフォーマントから量的データを収集するためにデザインされた、質問に対する回答を選択肢の中から選んで答える形式の（closed-ended）研究法。

エスノメソドロジー（Ethnomethodology）
社会集団が現実をどう理解しているかという理解の中身よりも、社会集団の現実に対する理解がいかに構築・維持・変化するかに焦点を当てる社会研究アプローチ。

エティック分析(Etic analysis)
交差文化的に妥当なパターンと一致する人々の行動のしかたを見出すことにより、研究対象とするコミュニティを理解する方法。

応用的エスノグラフィー(Applied ethnography)
研究結果が、研究対象とするコミュニティの政策や手続きの策定・維持に貢献し得ることを目的として、エスノグラフィーの方法を用いること。

オーラルヒストリー(Oral history)
その時代を生きた人々の個人的な回想を通して、過去を再構築しようとする研究領域。

階層ツリー(Hierarchical tree)
社会的・文化的現象の解釈において、異なる抽象度を示すダイアグラム/線図のこと。

家系インタビュー(Genealogical interview)
親族関係とそれに関わる社会的ネットワークについて、組織的に情報を収集する方法。

カルチュラル・スタディーズ(Cultural studies)
歴史・イデオロギー・主観的経験の収斂を表象するものとしてのマスメディアやポピュラーカルチャーのような制度に、特別な関心を向ける研究領域。

観察(Observation)
研究対象とするコミュニティの人々の活動や関係を、研究者の五感を通して知覚する社会探究の道具。

記述的分析(Descriptive analysis)
データの中のパターンや規則性を見分けるために、データをその構成要素に分解するプロセス。

帰納的探究(Inductive inquiry)
一般的な説明理論の構築に向けて、蓄積された経験的証拠を使うこと。

近接学（Proxemics）
社会的な意味を伝えるべく空間がどのように調整されているかを研究する学問。

ゲートキーパー（Gatekeepers）
研究者が研究しようとするコミュニティに接近する際に、その接近をコントロールする力を持つ当該コミュニティのメンバーのこと。

構造 - 機能主義（Structure-functionalism）
社会を均衡的かつ静的な制度の集合体として扱う理論。

行動痕跡研究（Behavior trace studies）
人々の行動を理解する方法の１つとして、その痕跡として残された人工物を使うこと。

参与観察（Participant observation）
研究者が研究対象とするコミュニティの中に入って、コミュニティの人々と相互作用しながら、エスノグラフィーを行う方法。

自文化中心主義（Ethnocentrism）
自分自身の文化が、世界の理解のしかたや振る舞い方として最も優れていて論理的な方法だと考える傾向。

弱者（Vulnerable populations）
子ども・障碍者・受刑者・老人など、他者に利用されるリスクがあると判断され、研究の被験者として特に権利が保護されなければならない集団。

象徴的相互作用論（Symbolic interactionism）
社会生活を、コミュニティのメンバー間で進行している、常に変化する出会いの産物として見なす理論。

信頼性（Reliability）
観察したことが、偶然の結果ではなく、一般的なパターンと一致している程度について

の基準。

妥当性（Validity）
研究で示そうとしたものを、実際に研究で発見されたものが示している程度についての基準。

トライアンギュレーション（Triangulation）
社会調査の成果を妥当なものにするために、多種類のデータ源を使うこと。

迫真性／本当らしさ（Verisimilitude）
読者の理解を喚起するために、読者を研究対象とした世界に誘うような書き方のスタイルのこと。

バーチャル・コミュニティ（Virtual communities）
地理的な近接によってではなく、コンピューターに媒介されたコミュニケーションやオンライン上での相互作用によって定義される集団。

半構造化インタビュー（Semi-structured interview）
研究対象とするコミュニティについての関心領域に関連した質問を、事前に準備して行うインタビュー。

非干渉的な観察（Unobtrusive observation）
研究対象者が自分が観察されていることに気づかないような研究技法を使うこと。

批判理論（Critical theory）
現代の社会・文化に関する研究の多様なアプローチを包含する一般的な用語。共有のテーマは、社会の主要な制度についての前提に挑む社会科学を用いることである。

表現（Representations）
エスノグラフィー・データを公開するための方法。

フィールドワーク（Field work）
人々が生活や仕事をする自然な場で行う社会調査。

フェミニズム（Feminism）
社会秩序の決定因としてのジェンダーの中心性に焦点を当てる社会研究アプローチ。

文化（Culture）
社会集団を特徴づける共有され学習された信念、物質的な産物や社会的行為。

文書研究（Archival research）
研究や官公庁業務、その他の公的・私的な目的のために蓄積された記録や資料を分析すること。

ポストモダニズム（Postmodernism）
社会・文化に関する研究は、客観的な科学の方法を手本とすべきとする前提に挑む社会科学における運動。

マトリックス（Matrix）
コミュニティの人々に認められた行動の所定の要因について、人々を2つ以上のセグメントに分けて比較するための表。

マルクス主義（Marxism）
社会経済的階級間の不平等を社会秩序の決定因として措定すると同時に、歴史的変革の駆動因としての階級間葛藤の必要性を是認することにより、経済・政治・歴史を結びつける理論。

身振り学（Kinesics）
「ボディ・ランゲージ」に関する研究。

命題（Proposition）
公式の検証可能な仮説のかたちをとらない、想定された変数同士の関連を述べた研究設

問。

ライフヒストリー（Life history）
一人の人の人生を再構築するためのインタビュー。インタビュー対象者は、特定の社会集団の代表者、あるいはその集団の理想や野心の体現者として理解される。

理論的分析（Theoretical analysis）
データの記述的分析から見えてきたパターンや規則性を説明するプロセス。

文　献

このリストには、本書で引用した文献だけでなく、エスノグラフィー調査の実施において有益な文献も加えた。

Adler, P.A. & Adler, P. (1994) 'Observational techniques', in N.K. Denzin & Y.S. Lincoln (eds.), *Handbook of Qualitative Research* (1st ed.). Thousand Oaks, CA: Sage, pp.377-392 (2nd ed. 2000).［デンジン＆リンカン（編）／平山満義（監訳）(2006)『質的研究ハンドブック』北大路書房］

Agar, M. (1980) *The Professional Stranger: An Informal Introduction to Ethnography*. San Diego: Academic Press.

Agar, M.H. (1986) *Speaking of Ethnography*. Beverly Hills, CA: Sage.

Anderson, E. (1990). *Streetwise*. Chicago: University of Chicago Press.

Angrosino, M.V. (1974) *Outside is Death: Alcoholism, Ideology, and Community Organization among the East Indians in Trinidad*. Winson-Salem, NC: Medical Behavioral Science Monograph Series.

Angrosino, M.V. (1998) *Opportunity House: Ethnographic Stories of Mental Retardation*. Walnut Creek, CA: AltaMira.

Angrosino, M.V. (ed.) (2002) *Doing Cultural Anthropology: Projects for Ethnographic Data Collection*. Prospect Heights, IL: Waveland.

Angrosino, M.V. & Mays de Pérez, K. (2000)'Rethinking observation: from method to context', in N.K. Denzin and Y.S. Lincoln (eds), *Handbook of Qualitative Research* (2nd ed.). Thousand Oaks, CA: Sage, pp.673-702.［デンジン＆リンカン（編）／平山満義（監訳）(2006)『質的研究ハンドブック』北大路書房］

Atkinson, P., Coffey, A., Delamont, S., Lofland, J. & Lofland, L. (eds) (2001) *Handbook of Ethnography*. London: Sage.

Babbie, E. (1986) *Observing Ourselves: Essays in Social Research*. Prospect Heights, IL: Waveland.

Banks, M. (2007) *Using Visual Data in Qualitative Research* (Book 5 of The SAGE Qualitative Research Kit). London: Sage.［バンクス／石黒広昭（監訳）(2016)『質的研究におけるビジュアルデータの使用』(SAGE 質的研究キット5) 新曜社］

Banks, A. & Banks, S. P. (eds) (1998) *Fiction and Social Research: By Ice or Fire*. Walnut Creek, CA: AltaMira.

Barbour, R. (2007) *Doing Focus Groups* (Book 4 of The SAGE Qualitative Research Kit). London:

Sage.［バーバー／大橋靖史ほか（訳）（準備中）『質的研究のためのフォーカスグループ』（SAGE 質的研究キット4）新曜社］

Berg, B.L. (2004) *Qualitative Research Methods for the Social Sciences* (5th ed.). Boston: Pearson.

Bernard, H.R. (1988) *Research Methods in Cultural Anthropology.* Newbury Park, CA: Sage.

Bird, S.E. (2003). *The Audience in Everyday Life: Living in a Media World.* New York: Routledge.

Bochner, A.P. & Ellis, C. (2002) *Ethnographically Speaking: Autoethnography, Literature, and Aesthetics.* Walnut Creek, CA: AltaMira

Bogdan, R.C. & Biklen, S.K. (2003) *Qualitative Research for Education: An Introduction to Theory and Methods* (4th ed.). Boston: Allyn & Bacon.

Borzak, L. (ed.) (1981) *Field Study: A Sourcebook for Experiential Learning.* Beverly Hills, CA: Sage.

Bourgois, P. (1995) 'Workaday world, crack economy', *The Nation*, 261: 706-711.

Cahill, S.E. (1985) 'Meanwhile backstage: public bathrooms and the interaction order', *Urban Life*, 14: 33-58.

Chambers, E. (2000) 'Applied ethnography', in N.K. Denzin & Y.S. Lincoln (eds.), *Handbook of Qualitative Research* (2nd ed.). Thousand Oaks, CA: Sage, pp.851-869.［デンジン＆リンカン（編）／平山満義（監訳）(2006)『質的研究ハンドブック』北大路書房］

Clifford, J. & Marcus, G. (eds.) (1986) *Writing Culture: The Poetics and Politics of Ethnography.* Berkeley: University of California Press.［クリフォード＆マーカス（編）／春日直樹ほか（訳）(1996)『文化を書く』紀伊國屋書店］

Crane, J.G. & Angrosino, M.V. (1992) *Field Projects in Anthropology: A Student Handbook* (3rd ed.). Prospect Heights, IL: Waveland.［クレイン＆アグロシーノ／江口信清（訳)(1994)『人類学フィールドワーク入門』昭和堂］

Creswell, J.W. (1994) *Research Design: Qualitative and Quantitative Approaches.* Thousand Oaks, CA: Sage.［Creswell／操華子・森岡崇（訳）(2007)『研究デザイン：質的・量的・そしてミックス法』日本看護協会出版会］

Creswell, J.W. (1998) *Qualitative Inquiry and Research Design: Choosing among Five Traditions.* Thousand Oaks, CA: Sage.

de Matta, R. (1994) 'Some biased remarks on interpretism', in R. Borofsky (ed.), *Assessing Cultural Anthropology.* New York: McGraw-Hill, pp.119-132.

Denzin, N.K. & Lincoln, Y.S. (eds.) (2003) *Collecting and Interpreting Qualitative Materials* (2nd ed.). Thousand Oaks, CA: Sage.

DeVita, P.R. (1992) *The Naked Anthropologist: Tales from around the World.* Belmont, CA: Wadsworth.

Elliott, D. & Stern, J.E. (eds.) (1997) *Research Ethics: A Reader.* Hanover, NH: University Press of New England.

Ellis, C. (1995) *Final Negotiations: A Story of Love, Loss, and Chronic Illness*. Philadelphia: Temple University Press.

Ellis, C. & Bochner, A.P. (eds.) (1996) *Composing Ethnography: Alternative Forms of Qualitative Writing*. Walnut Creek, CA: AltaMira.

Emerson, R.M. (ed.) (2001) *Contemporary Field Research* (2nd ed.). Prospect Heights, IL: Waveland.

Erikson, K.T. (1967) 'A comment on disguised observation in sociology', *Social Problems*, 14: 366-373.

Fetterman, D.M. (1998) *Ethnography Step by Step* (2nd ed.). Thousand Oaks, CA: Sage.

Fiske, J. (1989) *Understanding Popular Culture*. Boston: Unwin Hyman.

Fiske, J. & Hartley, J. (2003) *Reading Television* (2nd ed.). New York: Routledge.［フィスク＆ハートレー／池村六郎（訳）(2000)『テレビを「読む」』復刊版, 未來社］

Flick, U. (2006) *An Introduction to Qualitative Research* (3rd ed.). London: Sage.

Flick, U. (2007a) *Designing Qualitative Research* (Book 1 of The SAGE Qualitative Research Kit). London: Sage.［フリック／鈴木聡志（訳）(2016)『質的研究のデザイン』（SAGE 質的研究キット1）新曜社］

Flick, U. (2007b) *Managing Quality in Qualitative Research* (Book 8 of The SAGE Qualitative Research Kit). London: Sage.［フリック／上淵寿（訳）(2017)『質的研究の「質」管理』（SAGE 質的研究キット8）新曜社］

Flick, U., Kardorff, E. von & Steinke, I. (eds.) (2004) *A Companion to Qualitative Research* (trans. B. Jenner). London: Sage.

Fluehr-Lobban, C. (ed.) (2003) *Ethics and the Profession of Anthropology: Dialogue for Ethically Conscious Practice* (2nd ed.). Walnut Creek, CA: AltaMira.

Fox, K.J. (2001) 'Self-change and resistance in prison', in J.A. Halberstein & J.F. Gubrium (eds.), *Institutional Selves: Troubled Identities in the Postmodern World*. New York: Oxford University Press, pp.176-192.

Geertz, C. (1973) 'Thick description: toward an interpretive theory of culture', in C. Geertz, *The Interpretation of Cultures*. New York: Basic Books, pp.3-30.［ギアーツ／吉田禎吾ほか（訳）(1987)『文化の解釈学』岩波書店］

Gibbs, G.R. (2007) *Analyzing Qualitative Data*. (Book 6 of The SAGE Qualitative Research Kit). London: Sage.［ギブズ／砂上史子・一柳智紀・一柳梢（訳）(2017)『質的研究におけるデータ分析』（SAGE 質的研究キット6）新曜社］

Goffman, E. (1971) *Relations in Public*. New York: Basic Books.

Gold, R.L. (1958) 'Roles in sociological field observations', *Social Forces*, 36: 217-223.

Guba, E.G. & Lincoln Y.S. (2005) 'Paradigmatic controversies, contradictions, and emerging confluences', in N.K. Denzin & Y.S. Lincoln (eds.), *Handbook of Qualitative Research*, (3rd ed.).

Thousand Oaks, CA: Sage, pp.191-215.［デンジン＆リンカン（編）／平山満義（監訳）(2006)『質的研究ハンドブック』北大路書房］

Hakken, D. (2003) 'An ethics for an anthropology in and of cyberspace', in C. Fluehr-Lobban (ed.), *Ethics and the Profession of Anthropology: Dialogue for Ethically Conscious Practice* (2nd ed.). Walnut Creek, CA: AltaMira, pp.179-195.

Heider, K. (1976) *Ethnographic Film*. Austin: University of Texas Press.

Herman, N.J. & Reynolds, L.T. (1994) *Symbolic Interaction: An Introduction to Social Psychology*. Dix Hills, NY: General Hall.

Hine, C. (2000) *Virtual Ethnography*. London: Sage.

Humphreys, L. (1975) *Tearoom Trade: Impersonal Sex in Public Places*. New York: Aldine.

Janesick, V.J. (1998) *'Stretching' Exercises for Qualitative Researchers*. Thousand Oaks, CA: Sage.

Jones, S.G. (ed.) (1999) *Doing Internet Research: Critical Issues and Methods for Examining the Net*. London: Sage.

Kvale, S. (2007) *Doing Interviews* (Book 2 of The SAGE Qualitative Research Kit). London: Sage.［クヴァール／能智正博・徳田治子（訳）(2016)『質的研究のための「インター・ビュー」』（SAGE質的研究キット2）新曜社］

LeCompte, M.D. & Schensul, J.J. (1999) *Designing and Conducting Ethnographic Research* (Vol. I of J.J. Schensul, S.L. Schensul & M.D. LeCompte, (eds.), Ethnographer's Toolkit). Walnut Creek, CA: AltaMira.

McGee, R.J. & Warms, R.L. (2003) *Anthropological Theory: An Introductory History* (3rd ed.). Boston: McGraw-Hill.

Malinowski, B. (1922) *Argonauts of the Western Pacific*. London: Routledge.［マリノフスキ／増田義郎（訳）(2010)『西太平洋の遠洋航海者：メラネシアのニュー・ギニア諸島における、住民たちの事業と冒険の報告』講談社］

Marcus, G. (ed.) (1999) *Critical Anthropology Now: Unexpected Contexts, Shifting Constituencies, Changing Agendas*. Santa Fe, NM: School of American Research Press.

Marcus, G. & Fischer, M. (1986) *Anthropology as Cultural Critique: An Experimental Moment in the Human Sciences*. Chicago: University of Chicago Press.［マーカス＆フィッシャー／永渕康之（訳）(1989)『文化批判としての人類学：人間科学における実験的試み』紀伊國屋書店］

Markham, A. (1996) *Life On-Line: Researching Real Experience* in Virtual Space. Walnut Creek, CA: AltaMira.

Mason, J. (2002). *Qualitative Researching* (2nd ed.). London: Sage.

Maybury-Lewis, D. (2002) *Indigenous People, Ethnic Groups, and the State* (2nd ed.). Boston: Allyn & Bacon.

Mehan, H. & Wood, H. (1975) *The Reality of Ethnomethodology*. New York: Wiley.

Mienczakowski, J. (1996) 'The ethnographic act', in C. Ellis & A. Bochner (eds.), *Composing Ethnography: Alternative Forms of Qualitative Writing*. Walnut Creek, CA: AltaMira, pp.244-264.

Miles, M.B. & Huberman, A.M. (1994) *Qualitative Data Analysis: An Expanded Sourcebook* (2nd ed.). Thousand Oaks, CA: Sage.

Miller, D. & Slater, D. (2000). *The Internet: An Ethnographic Approach*. New York: Berg.

Morgen, S. (1989) *Gender and Anthropology: Critical Reviews for Research and Teaching*. Washington, DC: American Anthropological Association.

Nanda, S. (2002) 'Using a museum as a resource for ethnographic research', in M. Angrosino (ed.), *Doing Cultural Anthropology: Projects for Ethnographic Data Collection*. Prospect Heights, IL: Waveland, pp.71-80.

Nardi, B. & O'Day, V. (1999) *Information Ecologies: Using Technology with Heart*. Cambridge, MA: MIT Press.

Ong, A. & Collier, S.J. (2005) *Global Assemblages: Technology, Politics, and Ethics as Anthropological Problems*. Malden, MA: Blackwell.

Plummer, K. (2005) 'Critical humanism and queer theory: living with the tensions', in N.K. Denzin & Y.S. Lincoln (eds.), *Handbook of Qualitative Research*. Thousand Oaks, CA: Sage, pp.357-374.［デンジン＆リンカン編／平山満義（監訳）(2006)『質的研究ハンドブック』北大路書房］

Punch, M. (1986) *The Politics and Ethics of Fieldwork*. Beverly Hills, CA: Sage.

Rapley, T. (2007) *Doing Conversation, Discourse and Document Analysis* (Book 7 of The SAGE Qualitative Research Kit). London: Sage.［ラプリー／大橋靖史（訳）（準備中）『会話分析・ディスコース分析・ドキュメント分析』（SAGE 質的研究キット7）新曜社］

Richardson, L. (1990) *Writing Strategies: Reaching Diverse Audiences*. Newbury Park, CA: Sage.

Richardson, L. (1992) 'The consequences of poetic representation', in C. Ellis & M. Flaherty (eds.), *Investigating Subjectivity*. London: Sage, pp.125-140.

Rossman, G.B. & Rallis, S.F. (1998) *Learning in the Field: An Introduction to Qualitative Research*. Thousand Oaks, CA: Sage.

Rynkiewich, M.A. & Spradley, J.P. (1981) *Ethics and Anthropology: Dilemmas in Fieldwork*. Malabar, FL: Krieger.

Saltzinger, L. (2003) *Genders in Production: Making Workers in Mexico's Global Factories*. Berkeley: University of California Press.

Schensul, J.J. (1999) 'Building community research partnerships in the struggle against AIDS', *Health Education and Behaviour*, 26 [special issue].

Schensul, S.L., Schensul, J.J. & LeCompte, M.D. (1999) *Essential Ethnographic Methods: Observations, Interviews, & Questionnaires* (Vol. II of J.J. Schensul, S.L Schensul & M., LeCompte, (eds.), *Ethnographer's Toolkit*). Walnut Creek, CA: AltaMira.

Scrimshaw, S.C. & Gleason, G.R. (eds.) (1992) *RAP: Rapid Assessment Procedures: Qualitative Methodologies for Planning and Evaluation of Health-Related Programs*. Boston: International Nutritional Foundation for Developing Countries.

Seale, C. (1999) *The Quality of Qualitative Research*. London: Sage.

Seale, C., Gobo, G., Gubrium, J. & Silverman, D. (eds.) (2004) *Qualitative Research Practice*. London: Sage.

Sparkes, A.C. (2002) *Telling Tales in Sport and Physical Activity: A Qualitative Journey*. Champaign, IL: Human Kinetics.

Spradley, J.P. (1980) *Participant Observation*. New York: Holt, Rinehart & Winston.［スプラッドリー／田中美恵子・麻原きよみ（監訳）(2010)『参加観察法入門』医学書院］

Storey, J. (1998) *An Introduction to Cultural Theory and Popular Culture* (2nd ed.). Athens: University of Georgia Press.

Toumey, C.P. (1994) *God's Own Scientists: Creationists in a Secular World*. New Brunswick, NJ: Rutgers University Press.

Turner, J.H. (1978) *The Structure of Sociological Theory*. Homewood, IL: Dorsey.

van Maanen, J. (ed.) (1982) *Qualitative Methodology*. Beverly Hills, CA: Sage.

van Maanen, J. (1988) *Tales of the Field: On Writing Ethnography*. Chicago: University of Chicago Press.［ヴァン゠マーネン／森川渉（訳）(1999)『フィールドワークの物語：エスノグラフィーの文章作法』現代書館］

Wedel, J. (2002) Blurring the Boundaries of the State-Private Divide: Implications for Corruption, http://www.anthrobase.com/Txt/W/Wedel_J-01.htm.

Weitzman, E.A. & Miles, M.B. (1995) *Computer Programs for Qualitative Data Analysis*. Thousand Oaks, CA: Sage.

Wiseman, J.P. & Aron, M.S. (1970) *Field Projects for Sociology Students*. Cambridge, MA: Schenkman.

Wolcott, H.F. (1994) 'The elementary school principal: notes from a field study', in H.F. Wolcott (ed.), *Transforming Qualitative Data*. Thousand Oaks, CA: Sage, pp.103-148.

Wolf, E.R. (1982) *Europe and the People without History*. Berkeley: University of California Press.

Zinn, M.B. (1979) 'Insider field research in minority communities', *Social Problems*, 27: 209-219.

Zuniga, V. & Hernandez-Leon, R. (2001) 'A new destination for an old migration: origins, trajectories, and labor market incorporation of Latinos in Dalton, Georgia', in A.D. Murphy, C. Blanchard & J.A. Hill (eds.), *Latino Workers in the Contemporary South*. Athens: University of Georgia Press, pp.126-146.

人名索引

Adler, P.　55, 74, 86
Adler, P. A.　55, 74, 86
Anderson, E.　73
Angrosino, M.V.　27, 55, 107

Banks, A.　107
Banks, S. P.　107
Benedict, R.　2
Berg, B. L.　68, 104
Bernard, H. R.　52, 75
Biklen, S. K.　3
Bird, S. E.　109, 124
Boas, F.　2
Bochner, A. P.　107
Bogdan, R. C.　3
Bourgois, P.　74

Cahill, S. E.　73
Chambers, E.　49
Clifford, J.　18
Collier, S. J.　124
Creswell, J. W.　104

de Matta, R.　74

Elliott, D.　112
Ellis, C.　106, 107

Fischer, M.　18
Fiske, J.　124
Flick, U.　19, 47, 63, 81, 92, 115
Fluehr-Lobban, C.　115
Fox, K. J.　73

Geertz, C.　21
Gibbs, G. R.　92, 93, 98, 99
Gleason, G. R.　48
Goffman, E.　7, 82
Gold, R. L.　8, 72
Guba, E. G.　80

Hakken, D.　126
Hartley, J.　124
Heider, K. 108
Herman, N. J.　8
Hernández-León, R.　124
Hine, C.　127
Huberman, A. M.　80
Humphreys, L.　83-85

Jones, S. G.　127

Kroeber, A. L.　2
Kvale, S.　64, 71

Lincoln, Y. S.　80
Lowie, R. H.　2

Malinowski, B.　2, 106
Marcus, G.　15, 18
Markham, A.　127
Maybury-Lewis, D.　124
Mays de Pérez, K.　55
McGee, R. J.　2
Mead, M.　2
Mehan, H.　14
Mienczakowski, J.　107
Miles, M. B.　80, 99
Miller, D.　127
Morgen, S.　10

Nanda, S.　109
Nardi, B.　122

O'Day, V.　122
Ong, A.　124

Plummer, K.　75

Radcliffe-Brown, A. R.　2
Rapley, T.　71

Reynolds, L. T.　8
Richardson, L.　107, 108
Rynkiewich, M. A.　112

Saltzinger, L.　124
Schensul, S. L.　56, 65, 75
Scrimshaw, S. C.　48
Seale, C.　80
Slater, D.　127
Spradley, J. P.　77, 112
Stern, J. E.　112
Storey, J.　16

Toumey, C. P.　74

van Maanen, J.　21, 106

Warms, R. L.　2
Weber, M.　7
Wedel, J.　124
Weitzman, E. A.　99
Wolf, E. R.　12
Wood, H.　14

Zúñiga, V.　124

事項索引

■あ行
厚い記述　21, 131
アメリカ人類学会　112
「異人」の目　51
一次資料　66
異文化同士の頻繁な接触　124
イーミック　91
　　──分析　131
印象モード　20
インターネット　109
インタビュー　50, 56, 131
　　──データの記録　64
　　──を行う際のエチケット　59
　　オープンエンドな──　56
　　家系──　60, 130
　　半構造化──　63, 132
インタビューアーのバイアス　58
インフォームド・コンセント　51, 113, 116, 131
　　──やプライバシーと秘密の保持　126
ウェブ上での表現　109
エスノグラフィー　vii, 72, 131
　　──・サーベイ　63, 131
　　──の基本原理　18
　　──の定義　18
　　──の方法 - 研究上の特有の課題　27
　　──の方法 - 研究の場面　33
　　──の方法の有効性　26
　　応用的──　49, 130
　　コンピューター使用の──　126
　　産物としての──　ix, 20
　　自己──　106
　　多様な代替的形式の──　108
　　伝統的な学術的形式での──　104
　　方法としての──　ix, 19
エスノドラマ　107
エスノメソドロジー　12, 131
エティック　91
　　──分析　132
エトセトラの原則　13
応用的エスノグラフィー　49, 132
オープンエンド形式の質問　57
オープンエンドなインタビュー　56
オーラルヒストリー　61, 132

■か行
階層ツリー　96, 132
外的妥当性　80

確認可能性　80
家系インタビュー　60, 132
仮説／命題　96
葛藤理論　10
カテゴリーの明確化　93
カルチャー・ショック　77
カルチュラル・スタディーズ　15, 132
監査可能性　80
観察　50, 132
　　──研究の課題　75
　　──研究のタイプ　72
　　──研究のプロセス　76
　　──の定義　72
　　公共の場所での──　82
　　組織的──　78
　　非干渉的な──　51, 134
　　複数の観察者／チームでの──　79
観察者
　　──としての参与者　73
　　──に必要な資質　76
　　──バイアスを最小限にする方法　81
　　完全な──　8, 72, 81, 86
関心のコミュニティ　125
完全な観察者　72
完全な参与者　73
完全なメンバーシップ　74
記述的分析　90, 97, 132
帰納的探究　132
規範的形式　13
客観性　80
記録映画　108
近接学　52, 133
グローバリゼーション　122
ゲートキーパー　77, 133
研究結果の質判断に役立つ指針　80
研究者とコミュニティとの対話　116
研究のパートナー／協働者　116
現実　48
公共の場所での観察　82
構造化・組織化されたフィールドノーツ　55
構造‐機能主義　4, 133
公的かつ公表された規準　112
行動痕跡研究　53, 133
告白的な物語　106

告白モード　20
個人的な価値観　112
コミュニティへの参入　76
コンピューター使用のエスノグラフィー　126

■さ行

サイト選び　76
サイバースペース　33, 127
参加型アクションリサーチ　15
産物としてのエスノグラフィー　ix, 20
サンプリング　64
参与観察　vii, 21, 47, 75, 121, 133
　　──者　ix
参与者　30
　　──としての観察者　73
　　観察者としての──　73
　　完全な──　8, 73, 86
ジェンダー　8
視覚的な表示／展示　109
シカゴ学派　3
資金的・時間的資源　41
自己エスノグラフィー　106
自己評価　38
自己目録作り　37
事実　48, 89
施設外治療プロジェクト　27
「自然な」集団場面　33
実際的妥当性　80
実証主義　17
詩的表現　107
視点の相互性　13
自文化中心主義　50, 133
社会化　9
社会階級　10
社会人類学　2
社会的構築　17
弱者　114, 133
写実主義的な物語　106
写実モード　20
周辺的なメンバーシップ　74
象徴（シンボル）　6
象徴的相互作用論　6, 133
真正性　80
信用性　80

信頼性　78, 80, 133
精神障害　29
正当性　80
世界システム　123
　　──論　11
積極的なメンバーシップ　74
全感覚からの情報　72
全研究記録の秘密保持　113
全体的な読み込み　93
組織化されたフィールドノーツ　53
組織的観察　78
ソーシャルネットワーク分析　61

■た行

大衆文化／ポピュラーカルチャー　124
対話的　17
多元的認識論　14
多声的　17
妥当性　78, 80, 134
　　──の絶えざるチェック　91
　　外的──　80
　　実際的──　80
　　内的──　80
多様な「代替的」形式　105
多様な代替的形式のエスノグラフィー　108
探索的質問　57
逐語録　65
通文化性　11
適合性　80
テクノロジー
　　──の使用者　122
　　──の変化　122
データ
　　──管理　92
　　──の表現　95
　　──の分析におけるコンピューターの使用　98
　　──分析のプロセス　92
転移可能性　80
伝統的な学術的形式でのエスノグラフィー　104
伝統的な学術的著述の形式　103
土着民によるフィールドワーク　73, 74
トライアンギュレーション（三角測量）　19, 47, 82, 134
ドラマトゥルギー　7
トランスナショナル　123
　　──なコミュニティ　123
トリニダード・プロジェクト　26

■な行

内的妥当性　80
ナラティヴ　20
二次（的）データ　66
人間関係の倫理　117
人間被験者　113
「ネイティブになる」　74
「能動的」で先読みする倫理的姿勢　127

■は行

迫真性／本当らしさ　79, 134
パターン　18, 51, 90
バーチャル・コミュニティ　34, 37, 124, 125, 126, 134
ハード科学　105
半構造化インタビュー　63, 134
比較のための表／マトリックス　95
非干渉的な観察　51, 134
被験者　116
　　──の保護　113
批判理論　14, 134
Human Relations Area Files（略称 HRAF［フラーフ］）　66
表現　95, 104, 134
フィクション　107
　　──映画　108
フィールドサイト　ix, 39
フィールドノーツ　55
　　構造化・組織化された──　53, 55
フィールドワーク　ix, 106, 121, 135
フェミニズム　8, 135
verstehen（理解する）　7
複数の観察者／チームでの観察　79
物象的関係　11
プライバシー
　　──の侵害　83
　　──の保護　113, 126
プロセスの記録　31
文化　xi, 1, 135

文化人類学　2
「文化中心的な」コンピューター・モデル　127
文化的テクスト　16
文書
　——研究　50, 65, 135
　——を使わない表現形式　108
分析　21
　——的帰納法　79
方法としてのエスノグラフィー　ix, 19
ポストモダニズム　16, 135

■ま行
マトリックス　95, 135
マルクス主義　10, 135
自らの価値観を明確に述べる能力　118
自らの価値観を明瞭に理解する能力　118
身振り学　52, 135
命題　96, 135

メタファー　96
メンバーシップ　74
最も客観的な技法　50
物語　106

■や行
やってはいけない例　58
予期可能なパターン　19

■ら行
ライフヒストリー　10, 62, 136
ラポール　42
理論的分析　90, 98, 136
理論的飽和　78
倫理委員会　113
倫理ガイドライン　126
倫理綱領　112
倫理的挑戦　116, 125
漏斗　78

著者紹介
マイケル・アングロシーノ(Michael Angrosino)
ブルックリン・カレッジ卒業、ノース・カロライナ大学より文化人類学でPh.D.を取得。現在、サウス・フロリダ大学文化人類学部教授。文化人類学と質的研究法、オーラルヒストリー等のコースを教え、魔術と宗教についても関心を持つ。本書の他、多数の著書・論文がある。

訳者紹介
柴山真琴(しばやま　まこと)
東京大学大学院教育学研究科博士課程修了。博士(教育学)を取得。現在、大妻女子大学家政学部教授。
主著:『行為と発話形成のエスノグラフィー』(東京大学出版会)、『子どもエスノグラフィー入門』(新曜社)
主論文:「小学校中学年の国際児は現地校・補習校の宿題をどのように遂行しているのか」(質的心理学研究, 第13号／日本質的心理学会「学会賞(優秀日誌研究論文賞)」受賞)、「幼児の異文化適応過程に関する一考察」(乳幼児教育学研究、第11号／日本乳幼児教育学会「学術賞」受賞)

 SAGE質的研究キット3
質的研究のためのエスノグラフィーと観察

| 初版第1刷発行 | 2016年4月15日 |
| 初版第3刷発行 | 2022年5月25日 |

　　著　者　マイケル・アングロシーノ
　　訳　者　柴山真琴
　　発行者　塩浦　暲
　　発行所　株式会社　新曜社
　　　　　　101-0051　東京都千代田区神田神保町3-9
　　　　　　電話(03)3264-4973(代)・FAX(03)3239-2958
　　　　　　e-mail：info@shin-yo-sha.co.jp
　　　　　　URL：http://www.shin-yo-sha.co.jp/

　　組　版　Katzen House
　　印　刷　新日本印刷
　　製　本　積信堂

ⓒ Michael Angrosino, Makoto Shibayama, 2016　Printed in Japan
ISBN978-4-7885-1476-8　C1011

───── 新曜社の本 ─────

SAGE 質的研究キット 全8巻 （＊は既刊）

＊1.	質的研究のデザイン	フリック, U.／鈴木聡志（訳）
＊2.	質的研究のための「インター・ビュー」	クヴァール, S.／能智正博・徳田治子（訳）
＊3.	質的研究のためのエスノグラフィーと観察	アングロシーノ, M.／柴山真琴（訳）
4.	質的研究のためのフォーカスグループ	バーバー, R.／大橋靖史他（訳）
＊5.	質的研究におけるビジュアルデータの使用	バンクス, M.／石黒広昭（監訳）
＊6.	質的データの分析	ギブズ, G. R.／砂上史子・一柳智紀・一柳梢（訳）
＊7.	会話分析・ディスコース分析・ドキュメント分析	ラプリー, T.／大橋靖史・中坪太久郎・綾城初穂（訳）
＊8.	質的研究の「質」管理	フリック, U.／上淵寿（訳）

ワードマップ・シリーズ

質的心理学 創造的に活用するコツ	無藤隆・やまだようこ・南博文・ 麻生武・サトウタツヤ（編）	四六判288頁 本体 2200円
フィールドワーク　増訂版 書を持って街へ出よう	佐藤郁哉	四六判320頁 本体 2200円
グラウンデッド・セオリー・アプローチ 理論を生みだすまで	戈木クレイグヒル滋子	四六判200頁 本体 1800円
現代エスノグラフィー 新しいフィールドワークの理論と実践	藤田結子・北村文（編）	四六判260頁 本体 2300円
エスノメソドロジー 人びとの実践から学ぶ	前田泰樹・水川喜文・ 岡田光弘（編）	四六判328頁 本体 2400円
会話分析・ディスコース分析 ことばの織りなす世界を読み解く	鈴木聡志	四六判234頁 本体 2000円
ＴＥＡ理論編 複線径路等至性アプローチの基礎を学ぶ	安田裕子・滑田明暢・ 福田茉莉・サトウタツヤ（編）	四六判200頁 本体 1800円
ＴＥＡ実践編 複線径路等至性アプローチを活用する	安田裕子・滑田明暢・ 福田茉莉・サトウタツヤ（編）	四六判272頁 本体 2400円
質的心理学ハンドブック	やまだようこ・麻生　武・サトウタツヤ・ 能智正博・秋田喜代美・矢守克也（編）	A5判600頁 本体 4800円

（表示価格は税抜きです。）